JN065153

フランスの子どもの歌50選

― 読む楽しみ ―

三木原 浩史

CHOEISHA

はじめに

　手元に、1枚のCDがある。フランスの童謡集だ。いま現在にまで伝承されてきた「ロンド（輪踊り）・コンティーヌ（はやし歌）・ベルスーズ（子守歌）」が、48曲収録されている。参考文献資料欄Ⅰの⑰がそうだ。CD1枚にこの曲数だから、それぞれの歌の歌詞全部を録音というわけにはいかない。短いものはいいが、歌詞が何番もある長いものは端折っている。だが、とても楽しい。耳に心地よい。

　思いたち、各歌を収録順に訳し、簡単なコメントを認め、パソコン内に保存を試みた。義務感なしの、気が向いたときだけの「遊び」だった。途中、遭遇した *Am stram gram* は、音の面白さだけで歌詞に意味はないので省き、あと適当に3曲付け加えたら、全50曲になった。50曲目の『宮殿の階段に』(*Aux marches du palais*) だけが、語り口調の「です・ます調」になっているのは、友人の中村啓佑氏主宰のサロンでの講演原稿を生かしたためだ。

　書き終えて、なんだかほっとした。この安堵感の理由は、たんに数字のキリがいいだけというにすぎないが……。

　フランスに、何百曲あるかわからない「子どもの歌」のうちのたかが50曲。だが、されど50曲。このCDを何度も聴いているうちに、名状しがたいが、なんだか全体でひとつの世界の存在を感じた。1冊に編めば、そのひとつの世界が明確になるかもしれないと、ふとそう思った。だから、タイトルとしては、『フランスの子どもの歌50選―読む楽しみ―』とした。「うたう楽しみ・聴く楽しみ」

を併記しなかったのは、楽譜も録音も添えられなかったからである。

　お断りしておくが、最後の3曲を除けば、選曲も、並べる順序も、フランスのレコード会社のコンセプトに依っている。コンセプトがあれば、だけど。おかげで、迷わずに済んだ。

　いや、もうひとつ大切なことを忘れるところだった。歌詞は、CD付属のテキストではなく、参考文献資料欄の〔Ⅰ.フランス語文献資料〕記載のテキスト群から、適宜、選ぶことにした。また、歌詞の「2度繰り返し」(bis)、「3度繰り返し」(ter)については、原詩にのみ明記し、対訳には付していない。

　正直いって、歌詞の意味の不明な箇所が多かった。知識不足、語学力の未熟さを痛感した。副題の「読む楽しみ」は、おこがましかったかもしれない。随所の荒唐無稽さに笑いもしたが、困惑もしたからだ。それでも、やっぱり楽しかった。

　参考文献資料は、文字どおり本書で必要だったもののみを挙げ、本文中で引用または参照したものについては、該当箇所に明示した。

　また、本書の後ろにIndex を付し、50曲のシャンソンのタイトルをアルファベット順に並べ、タイトルから記載の頁がわかるように配慮した。お役にたてばと思う。

　では、どうか、拙著『フランスの子どもの歌50選─読む楽しみ─』を、文字どおりお楽しみ下さい。

フランスの子どもの歌 50 選
― 読む楽しみ ―

目次

フランスの子どもの歌 50 選
― 読む楽しみ ―

1 . *Frère Jacques*
修道士ジャックさん

Frère Jacques, Frère Jacques

Dormez-vous? Dormez-vous?

Sonnez les matines, Sonnez les matines:

Ding, ding, dong! Ding, ding, dong!

修道士ジャックさん、修道士ジャックさん

眠ってるの？　眠ってるの？

朝課の鐘を鳴らしなよ、朝課の鐘を鳴らしなよ

ディン、デェン、ドン！　ディン、デェン、ドン！

〔資料⑬〕

　作詞作曲不詳。17世紀（一説に16世紀）に、カリヨンの旋律に精通しただれかが作曲、4声部からなるカノンである。カリヨン（carillon）とは、複数の鐘を組み合わせて旋律を演奏できるようにした装置（組み鐘）で、またカノン（canon）とは、ある声部を別な声部で厳格に模倣し演奏することをいい、歌の場合は、一般に輪唱と訳される。この歌『修道士ジャックさん』は、現在では、もっぱら2部輪唱でうたわれる。

　訳詞のなかの「朝課」(les matines)とは、カトリックの聖務日課におけるもっとも重要な祈りのことで、真夜中、あるいは夜明け前の暗いうちに行われる。真冬ならずとも、早起きはだれしも苦手、辛かろう。坊さんとて例外ではない。寝過ごして、合図の鐘を鳴らしそこねる粗忽者もいたことだろう。そうした者を総称して、不詳の作詞者はジャックと名づけた。ピエールでも、アンドレでもな

く。それにはきっと意味がある。

＊

　ジャック（Jacques）という名は、ヤコブ（Jacob）に由来する。ヤコブから「ジャコバン／ジャコビーヌ」(jacobin/jacobine)という言葉が派生したが、これは「ドミニカン／ドミニケーヌ」(dominicain/dominicaine)、——つまりドミニコ会修道士（修道女）、——と同義。

　そしてこの歌が創作された当時、スペイン北西ガリシア地方にあるサン＝ジャック＝ドゥ＝コンポステル（サンティアゴ＝デ＝コンポステラ）への巡礼を一手に取り仕切っていたのが、ドミニコ会だ。この地には、9世紀初め頃、キリストの12使徒大ヤコブの遺骸が発見されたとの噂が広まり、やがて伝説化し、墓が発見されたとする場所に、まずは僧院が、ついで12世紀には大聖堂が建立され、大巡礼地となった。こうした状況は、作詞されたと思われる16世紀、17世紀にも継続していたが、この歌の主人公をジャックと名づけたことではじめて、ジャックさんはドミニコ会修道士だという連想が可能になった。

＊

　2007年のことだが、邦題『サン・ジャックへの道』(原題：*Saint Jacques...La Mecque*〈サン・ジャック…メッカ〉)という映画が、全国で上映された。仲の悪い3兄弟ほか、案内人も含め、それぞれ事情を抱えた総勢9名が、フランスのオーヴェルニュ地方ル・ピュイを起点に、ル・コンク、モワサック、オスタバと進み、ピレネーを越えてスペインにはいり、プエンテ・ラ・レイナから、一路サンティアゴ＝デ＝コンポステラへ向かう巡礼の旅にでる。その途上、フランス側の美しい緑の草原の道を歩きつづけながら、みなでこの『修道士ジャックさん』を陽気に斉唱する場面がある。

　グスタフ・マーラーの交響曲第１番「ティターン」第３楽章に、『修道士ジャックさん』の旋律が援用されている。なんとも陰々滅々とした葬送行進曲として……。そのとき、マーラーの意図は別にして、思わず異端審問に名を馳せたドミニコ会、——正式名称は「説教者兄弟会」(Ordo Fratrum Praedicatorum)、——の影の部分を想起した。

　この単純な歌は、ヨーロッパ中に広まった。ドイツでは修道士ヤーコップさん、イギリスでは修道士ジョンさんといったぐあいに、イタリアにも、スペインにも、はては中国にまで……。ただ、すべて正しく「ジャック」＝「ヤコブ」名で伝わったかどうかは保証のかぎりでない。少なくとも、イギリスでは「ジョン」＝「ヨハネ」に改名されてしまっている。

　なお詳しくは、拙著『シャンソンのエチュード　改訂版』〔彩流社、2016 年〕47~65 頁をご参照ください。

〔資料Ⅱ-2〕

2. *Le facteur*
郵便屋さん

Le facteur n'est pas passé

Il ne passera jamais

Lundi, mardi, mercredi, jeudi, vendredi, samedi, dimanche!

　　郵便屋さんは来なかった

　　決して来ないだろう

　　月曜日、火曜日、水曜日、木曜日、金曜日、土曜日、

　　日曜日！

〔資料⑯〕

　いわゆる「ハンカチ落とし」ゲームだ。子どもたちが輪になっ
てすわり、この歌をうたっているあいだに、郵便配達夫役(A) は、
手紙がわりのハンカチを手に、輪の周囲を走りまわり、だれでも
いい、(B) なら (B) の背後にそっとハンカチを置く。自分の後
ろを確かめて気づいた (B) はハンカチをとり、すぐに立ちあがり、
周囲を走りながら (A) に追いついてタッチしなければならない。
追いつかれる前に、(A) が (B) の元の場所に達した場合は、今
度は (B) が郵便配達夫役になる。

　こうして、幼児は、走りながら笑いながら1週間の曜日名を覚
える。だがほんとうに大切なことは、それではない。いまは鬼役
を決めるハンカチにドキドキしているだけにすぎないが、このド
キドキは、いつかきっと、〈かけがえのない便り〉が自分あてに
届くだろうとの期待を、潜在的に育むことになる。

12

　ところで、歌詞の文脈がどうもすっきりしないと思っていたところ、インターネット上に、シルヴィなる人物の次のような面白いコメントをみつけた。ざっと紹介しておこう〔資料⑯ Mama Lisa's World〕。

　　南フランスでは、「郵便屋さん遊び」の歌は、こんなふうにうたわれているとか……《郵便屋さんは決して来ないだろう》につづけて、週名をうたいだし、最後に《それでも郵便屋さんは来る！》で終える。この歌は、一貫性がなくて困ります。

　　アルザス地方では、私たちは《郵便屋さんは５分後に来るだろう、リーン、リーン、ほら来たぞ》(il pass'ra dans 5 minutes, dring, dring, le voilà) のあとにつづけて週名をうたっていました。そうすると遊びは継続できますが、韻が踏めません！　ですので、いまでは《郵便屋さんはその日のうちに来るだろう》(il pass'ra dans la journée) とうたっています。

＊

　郵便のみが、──郵便配達夫のみが、──運ぶことのできる古典的な愛を、ジョルジュ・ムスタキ（Georges Moustaki）作詞作曲の『郵便配達夫』（*Le Facteur*）は、切ないまでに美しく、悲しく伝えている。手元の CD では、男性と女性のデュエットだ。

Le jeune facteur est mort

Il n'avait que dix-sept ans

　　（男声）

　　若い郵便配達夫が死んだ

ほんの 17 歳だった

L'amour ne peut plus voyager
Il a perdu son messager
　　（女声）
　　　　もはや愛が旅することはないわ
　　　　届けてくれるひとを失ったの

C'est lui qui venait chaque jour
Les bras chargés de tous mes mots d'amour
C'est lui qui portait dans ses mains
La fleur d'amour cueillie dans ton jardin
　　（男声）
　　　　あの郵便配達夫は、毎日やってきて
　　　　ぼくの愛のことばのすべてを両腕で引き受けた
　　　　あの郵便配達夫は、両手で運んできてくれた
　　　　きみの庭で摘まれた愛の花を

Il est parti dans le ciel bleu
Comme un oiseau enfin libre et heureux
Et quand son âme l'a quitté
Un rossignol quelque part a chanté
　　（男声）
　　　　あの郵便配達夫は逝ってしまった、青空へと
　　　　やっと自由で幸せになった小鳥のように
　　　　そして魂があの郵便配達夫から離れたとき
　　　　ナイチンゲールが 1 羽、どこかで囀った

Je t'aime autant que je t'aimais

Mais je ne peux le dire désormais

Il a emporté avec lui

Les derniers mots que je t'avais écrits

　　　（男声）

　　　ぼくはこれまで同様、きみを愛している

　　　でも、これからはそれを告げることはできない

　　　あの郵便配達夫は自分と一緒にもっていってしまった

　　　ぼくがきみに書いた最後のことばを

Il n'ira plus sur les chemins

Fleuris de rose et de jasmin

Qui mènent jusqu'à ta maison

　　　（男声・女声）

　　　あの郵便配達夫は、もうあの道を行くことはない

　　　バラやジャスミンが咲き誇る

　　　きみの家までつづくあの道を

L'amour ne peut plus voyager

Il a perdu son messager

Et mon cœur est comme en prison

　　　（男声・女声）

　　　もはや愛が旅することはない

　　　届けてくれるひとを失ったのだ

　　　そしてぼくの心は牢獄にあるかのよう

Il est parti l'adolescent

Qui t'apportait mes joies et mes tourments

L'hiver a tué le printemps

Tout est fini pour nous deux maintenant

　（男声）

　　逝ってしまったのだ、あの青年は

　　きみにぼくの喜びと苦しみを運んでくれていたのに

　　冬は春を殺してしまった

　　いまや、ぼくたちふたりにとってすべてが終わった

〔Polydoor-POCP-2091/4〕

3. *Savez-vous planter les choux*
キャベツの植え方、知ってるかい

［Refrain］

Savez-vous planter les choux,

À la mode, à la mode,

Savez-vous planter les choux,

À la mode de chez nous ?

    ［ルフラン］

    キャベツの植え方、知ってるかい、

    当節流行の植え方を、

    キャベツの植え方、知ってるかい、

    わが家の植え方を？

1. On les plante avec le doigt,

  À la mode, à la mode,

  On les plante avec le doigt,

  À la mode de chez nous.

    キャベツを指で植えるのさ、

    当節流行の植え方で、

    キャベツを指で植えるのさ、

    わが家の植え方で。

2. On les plante avec le pied,

  À la mode, à la mode,

  On les plante avec le pied,

  À la mode de chez nous.

キャベツを足で植えるのさ、
当節流行の植え方で、
キャベツを足で植えるのさ、
わが家の植え方で。

3. On les plante avec le genou,
   À la mode, à la mode,
   On les plante avec le genou,
   À la mode de chez nous.

　　　キャベツを膝で植えるのさ、
　　　当節流行の植え方で、
　　　キャベツを膝で植えるのさ、
　　　わが家の植え方で。

4. On les plante avec le coude,
   À la mode, à la mode,
   On les plante avec le coude,
   À la mode de chez nous.

　　　キャベツを肘で植えるのさ、
　　　当節流行の植え方で、
　　　キャベツを肘で植えるのさ、
　　　わが家の植え方で。

5. On les plante avec le nez,
   À la mode, à la mode,
   On les plante avec le nez,
   À la mode de chez nous.

キャベツを鼻で植えるのさ、
当節流行の植え方で、
キャベツを鼻で植えるのさ、
わが家の植え方で。

6. On les plante avec la tête,
   À la mode, à la mode,
   On les plante avec la tête,
   À la mode de chez nous.
   　　キャベツを頭で植えるのさ、
   　　当節流行の植え方で、
   　　キャベツを頭で植えるのさ、
   　　わが家の植え方で。

〔資料⑦⑮〕

　物まね遊びを兼ねたロンド（Ronde et Jeu de mime）。作詞作曲不詳。現在の歌詞に定着した時期は、ジャン゠クロード・クランによれば19世紀とのことだが、その起源は中世に遡るという。主役がキャベツだからだ。このキャベツ、16世紀に南米からヨーロッパにジャガイモがもたらされるまで、主要農作物のひとつだった〔資料③〕。

　ちなみに、そのジャガイモだが、移植当初、民衆にも嫌われた。色が黒く、形が悪く、聖書に登場しないから、という理由だったそうだ。おまけに種芋で栽培しなくてはならないことから、一時、「悪魔の作物」の烙印まで押される始末。それが、17世紀に各地で飢饉が起こるや、寒冷地に強く、作付面積比率もよし、戦禍で畑を踏み荒らされても地中の芋は無事という、──そこが

麦とは違う、——ジャガイモの特性が脚光を浴び、まずはアイルランド・北ドイツ・北欧・東欧で広まりはじめ、しだいに南下した。フランスで受け入れられたのはルイ16世の御世だから、18世紀も後半と、比較的遅い。農学者アントワーヌ゠オーギュスタン・パルマンティエの王への進言による。その貢献により、フランスのジャガイモ料理「パルマンティエ」、——特に牛挽肉とマッシュポテトの重ね焼き「アッシ・パルマンティエ（hachis parmentier)」、——として名を残している。

　それにしても、荒唐無稽な歌だ。指はともかく、足だとか、膝だとか、鼻だとか、……で植えるというのだから。「植え方」としては、確かに斬新、これぞ最新流行のやり方といえる。それゆえ、各歌詞2行目《à la mode》を「当節流行の」と訳した。

　だが、本来は、各歌詞4行目の《à la mode de chez nous》（わが家風に、わが家のやり方で）の冒頭3語《à la mode》が先取りされただけ。しかし、2行目に独立しておかれると《à la mode》が「流行の、はやりの」の意味を醸しだすので、ここは得たりと二重の意味にとった。

　ルフランをうたっているあいだは、子どもたちは、くるくる回るか、あるいは動作を休止する。そして、各歌詞をうたっているあいだに、つないでいた両手を離し、リズムに合わせ、歌詞で指示された体の部位で地面に植える仕草をする。そうすることで、子どもたちは、自分の体の各部位の呼び方を、遊びながら自然に覚える。

　そんな抹香臭い教育的観点とは別に、ジャン゠クロード・クランは、一切の説明なしに、この遊び歌は《性的誘惑を兼ねて》い

るという〔資料③〕。

　じつは、フランスでは、赤ちゃんはキャベツのなかで生まれると子どもたちに説明していた時代がある。なら、キャベツは「子宮」そのもの、いや外観からいってよければ「性器」そのものだ。多くの葉っぱに覆われていることで、多産性の象徴ともなる。コウノトリが運んでくるというのと似たり寄ったりの性教育だが、橋の下で拾ってきたという日本の嘘よりよほどいい。いや、よほど直截で過激だ。なぜなら、《キャベツの植え方、知ってるかい》と繰り返しうたいながら、指で、足で、膝で、肘で、鼻で、頭で、……植える仕草をすることは、成長してからの性行為の仄めかしにほかならないからだ。いや、暗黙のうちに、意識下に残るよう手引している。フランス中世に、子どもの概念などなかった、子どもは「小さな大人」だったことを思いおこせば、生活のなかでのこれくらいの性教育は、驚くほどのことではない。

　閑話休題。フランスのウェディングケーキ「クロカンブッシュ」（croquembouche）は、台の上にカスタードクリームをいれたシュークリーム、——フランス語ではシュー・ア・ラ・クレーム（chou à la crème）、——を飴などの糖衣で貼りつけながら円錐形に積み上げて作る飾り菓子だが、もちろん、シューはキャベツなので子孫繁栄の願いがこめられている。新郎新婦がふたりで手にした木槌で割りながら、参列者に配るそうだ。

　余談だが、いつの頃からか知らないが、男の子はキャベツのなかから、女の子はキャベツの葉によく似たバラの花びらのなかから生まれてくるといわれるようになったそうだ。「バラ」の表象はあまりにも多様だが、その形象をもって「女性性器」を暗示する場合もあるから、自然な成り行きだろう。女の子は、キャベツより美しいバラが向いている。

4. *Ainsi font, font, font*
こんなふうにするの

1. Ainsi font, font, font

   Les petites marionnettes,

   Ainsi font, font, font

   Trois p'tits tours et puis s'en vont.

   こんなふうにするの、するの、するの

   小さなマリオネットたちは、

   こんなふうにするの、するの、するの

   小さく3回まわって、退場するの。

2. Les mains aux côtés,

   Sautez, sautez marionnettes,

   Les mains aux côtés,

   Marionnettes recommencez.

   両手を両脇に、

   跳んで、跳んで、マリオネットたち、

   両手を両脇に、

   マリオネットたちはくりかえす。

3. Ainsi font, font, font

   Les petites marionnettes,

   Ainsi font, font, font

   Trois p'tits tours et puis s'en vont.

   こんなふうにするの、するの、するの

   小さなマリオネットたちは、

　　　こんなふうにするの、するの、するの
　　　小さく３回まわって、退場するの。

〔資料⑦〕

　ピエール・ショメイユによれば、15世紀頃のロンドで、人び
とが踊っている最中に話題にしたのは、マリオネット（操り人
形）たちのことではなくて、多分、適齢期のお嬢様方のことだっ
たろうという。その後、ヴァリアントがたくさん生まれた。マ
ルタン・ペネが挙げる、1820年頃の歌詞を紹介しておこう。16
世紀の対話風のロンド（ronde dialoguée）の節にのせてうたう、
とある。〔資料⑬〕

1. Ainsi font, font, font
　　Les petites marionnettes
　　Ainsi font, font, font
　　Trois p'tits tours et puis s'en vont.
　　　　　こんなふうにするの、するの、するの
　　　　　小さなマリオネットたちは
　　　　　こんなふうにするの、するの、するの
　　　　　小さく３回まわって、退場するの。

2. Mais elles reviendront
　　Les petites marionnettes
　　Mais elles reviendront
　　Car les enfants grandiront.
　　　　　でも、戻ってくるでしょう
　　　　　小さなマリオネットたちは

でも、戻ってくるでしょう
だって、子どもたちが大きくなるでしょうから。

3. Puis elles danseront

   Les petites marionnettes

   Puis elles danseront

   Et les enfants chanteront.

   　　　それから踊るでしょう
   　　　小さなマリオネットたちは
   　　　それから踊るでしょう
   　　　そして、子どもたちはうたうでしょう。

4. Quand elles partiront

   Les petites marionnettes

   Quand elles partiront

   Tous les enfants dormiront.

   　　　退場したら
   　　　小さなマリオネットたちが
   　　　退場したら
   　　　子どもたちはみな、
   　　　　　おねんねするでしょう。

〔資料⑦〕

24

5. *Une souris verte*
緑色のネズミ

1. Une souris verte

   Qui courait dans l'herbe,

   Je l'attrape par la queue,

   Je la montre à ces messieurs.

   緑色のネズミが 1 匹

   草っぱらを走っていた、

   そのシッポを捕まえて、

   おじさんたちに見せる。

   ［Refrain］

   Ces messieurs me disent :

   «Trempez-la dans l'huile,

   Trempez-la dans l'eau

   Ça fera un escargot tout chaud.»

   ［ルフラン］

   おじさんたちはこういう、

   「そいつを油のなかに浸けてみな、

   水のなかに浸けてみな、

   そしたらほかほかのカタツムリになるぜ」

2. Une souris verte

   Qui courait dans l'herbe,

   Je la mets dans mon chapeau,

   Elle me dit qu'il fait trop chaud.

緑色のネズミが1匹
草っぱらを走っていた、
そいつを帽子のなかに入れると、
こういうんだ、暑すぎるって。

3. Une souris verte

    Qui courait dans l'herbe,

    Je la mets dans mon tiroir,

    Elle me dit qu'il fait trop noir.

緑色のネズミが1匹
草っぱらを走っていた、
そいつを引きだしのなかに入れると、
こういうんだ、暗すぎるって。

4. Une souris verte

    Qui courait dans l'herbe,

    Je la mets dans ma culotte,

    Elle me fait trois petites crottes.

緑色のネズミが1匹
草っぱらを走っていた、
そいつをパンツのなかにいれると、
小さなウンコをみっつ垂れるんだ。

5. Une souris verte

    Qui courait dans l'herbe,

    Je la mets là dans ma main,

    Elle me dit qu'elle est très bien.

> 緑色のネズミが1匹
> 草っぱらを走っていた、
> そいつを手のひらに置くと、
> こういうんだ、とても心地いいって。

〔資料⑫⑬⑮⑯参照〕

17世紀終わりか、18世紀初め頃にできたが、作詞作曲不詳。フランス各地のみならず、チュニジア、ハイチ、スイス・ロマンド地方、ベルギー、カナダなどフランス語圏の国々でうたわれた。ヴァリアントはたくさんあるが、ここには現在よくうたわれる歌詞を紹介した。

ずっと後になって、この「緑色のネズミ」とは、ヴァンデ戦争(1793.3-1796.3) で、共和国軍に追い詰められ、辛酸の苦しみを嘗めさせられたカトリック王党派の「ヴァンデ地方の一兵士」のことだという、まことしやかな伝説が生まれた〔資料⑮〕。だとすると、ルフラン部の《そいつを油のなかに浸けてみな、水のなかに浸けてみな》は拷問の象徴とも読めるが、あくまで後世の生みだした後付けで、真実ではない。

それにしても、なぜネズミは緑色なのか？　捕まえて、油につけて水につけたら、なぜカタツムリになるのか？　後の第2次世界大戦での占領ドイツ軍勤務の女性を、その制服の色から「灰色のネズミ」(souris grise) と呼んだことは知られているが、この歌の「緑色のネズミ」の正体はわからない。わからなくてもいい、できてから3世紀も経た今日、下手に不確かな根拠を求めるよりも、ヨーロッパ伝統の変身物語の系譜になぞらえて、弱々しいネズミが甲冑（かっちゅう）（？）を身につけたカタツムリに変貌する、その荒唐無稽さを無邪気に楽しんだほうがいい。

6. *Dodo, l'enfant do*
　ねんね、ややちゃん、ねんね

[Refrain]

Dodo, l'enfant do

L'enfant dormira bien vite

Dodo, l'enfant do

L'enfant dormira bientôt.

　　　［ルフラン］

　　　ねんね、ややちゃん、ねんね

　　　ややちゃん、はやくねんねだよ

　　　ねんね、ややちゃん、ねんね

　　　ややちゃん、もうすぐねんねだね。

1. Une poule blanche

　Est là dans la grange

　Qui va faire un petit coco, oh ! oh ! oh !

　Pour l'enfant qui va fair' dodo, oh ! oh ! oh !

　　　白い雌鶏が1羽

　　　納屋にいて

　　　小さな卵を産もうとしてる、おお！ おお！ おお！

　　　眠りかけのややちゃんのため、おお！ おお！ おお！

2. Tout le monde est sage

　Dans le voisinage

　Il est l'heure d'aller dormir, oh ! oh ! oh !

　Le sommeil va bientôt venir, oh ! oh ! oh !

みんな、おりこうさんだよ

お隣じゃ

おねむにつく時間だよ、おお！ おお！ おお！

もうすぐ眠りにつくよ、おお！ おお！ おお！

3. La poulette grise

　　Est là dans l'église

　　Qui va fair'un petit coco, oh ! oh ! oh !

　　Pour l'enfant qui va fair'dodo, oh ! oh ! oh !

　　　灰色の若鶏が

　　　教会のなかで

　　　小さな卵を産もうとしてる、おお！ おお！ おお！

　　　眠りかけのややちゃんのため、おお！ おお！ おお！

〔資料⑪〕

　作詞不詳。作曲 17 世紀。子守唄を直訳するほど、芸のない話
はない。日本でよく口ずさまれる《ねんねんころりよ、おころり
よ／ぼうやはよいこだ、ねんねしな》にあたるだろうか（作詞作
曲不詳）。フランス各地でよく知られ、節はいちばん古い。

　ジャン＝クロード・クランによれば、もともとアンジェラス、
──カトリックの朝昼晩のお告げの祈り、フランス語のアンジェ
リュス（angélus）、──を知らせる鐘の調べであったものが、コ
ントルダンス用に編曲され、1747-48 年に出版されたという〔資
料③〕。

　マルティーヌ・ダヴィッド、アンヌ＝マリ・デルリューによれ
ば、編曲者はバレエのダンサー兼先生で、宮廷ヴァイオリニスト
でもあったルクレール（Leclerc）なる人物で、1758 年のことだ

という。その曲を聴いた乳母たちが気に入り、以後、子守歌として広まったとかいう話〔資料②〕。

　両説の編曲時期に 10 年のずれがあり、真偽は不明だ。ちなみに、マルタン・ペネは、17 世紀の旋律で、1748 年に編曲されたとしているからジャン゠クロード・クラン説だ〔資料⑬〕。

　作詞は、当然、作曲以後で、現在ではルフラン部扱いされる部分のみの短いものだった。その後、いくつか歌詞が加わった。ここでは、ヴァルミュズィック社のジャン・エデル・ベルティエが編んだものを紹介した。YouTube で、紹介した歌詞を聴くことができる。

　フランス語の dodo（ねんね）は、動詞 dormir（眠る）から派生した幼児語の男性名詞。Faire dodo で「ねんねする」の意味になる。また、coco も幼児語の男性名詞で、ここでは「卵」のことだが、呼びかける際の「坊や、おちびちゃん」の意味にもなる。Viens mon petit coco! で、「坊やおいで！」だ。

〔*Poésie comptines et chansons pour Dormir*, Gallimard〕

7. *Meunier, tu dors*
粉屋さん、あんた眠ってるの

Meunier, tu dors,

Ton moulin, ton moulin

Va trop vite,

Meunier, tu dors,

Ton moulin, ton moulin

Va trop fort.

  粉屋さん、あんた眠ってるの、

  あんたの風車、あんたの風車

  速くまわりすぎ。

  粉屋さん、あんた眠ってるの、

  あんたの風車、あんたの風車

  勢いよすぎ。

Ton moulin, ton moulin

Va trop vite,

Ton moulin, ton moulin

Va trop fort.

Ton moulin, ton moulin

Va trop vite,

Ton moulin, ton moulin

Va trop fort.

  あんたの風車、あんたの風車

  速くまわりすぎ、

  あんたの風車、あんたの風車

勢いよすぎ。
あんたの風車、あんたの風車
速くまわりすぎ、
あんたの風車、あんたの風車
勢いよすぎ。

〔資料⑦〕

　ピエール・サカによれば、作詞作曲不詳で、18世紀の作品だそうだ〔資料⑩〕。ただ、ジャン゠クロード・クランは19世紀とし〔資料③〕、ピエール・ショメイユは、できて《やっと数十年》と注記している〔資料⑦〕。どれが本当か、類推はあとにまわし、いまはピエール・サカの18世紀説ではなしをすすめよう。

　このコンティーヌ（はやし歌）は2声部からなる。ゆったりとしたメロディの声部前半（詩行1~6）では、子どもたちは、曲想にあわせてうたいながら、ゆっくりと輪を描いて進む。確認できたフランスの童謡集はすべて、風車小屋のそばの草むらで、ぐっすり眠りこむ「粉屋の若者」が描かれている。年配者の例はないが、理由は子ども用の挿絵だからにすぎないだろう。そして、穏やかな風が、その粉屋の若者を安らかな夢の世界に誘う……。
　声部後半（詩行7~14）に移るやいなや、一転して急激なリズムに変貌し、子どもたちは、すばやく斜め向きにギャロップを踏む。急な突風にあおられ、猛スピードで回転しはじめた風車に呼応するかのように……。
　動きは、つねに左回りのロンドだが、幼い子どもたちのことだ、運動神経の違い、器用不器用の差で、多様な反応を示すだろう。なんといっても風車は《速くまわりすぎ／勢いよすぎ》だか

らだ。まるい輪が乱れ、動きがとまったとたん、とまどいと、ほこらしさと、てれの相矛盾した感情が入り混じり、最後には、子どもたちのみが共有する屈託のない朗らかな笑い、──共犯感情、──のなかに、解消するだろう。

　別な場面では、子守歌としてうたうこともある。幼子は、風車の急回転部分で、なんどもキャッキャ笑い、はしゃぎ、ほどなく疲れて、安らかに眠りはじめるだろう、──《あんた、眠ってるの》の世界だ。

　まったく人畜無害の平和な歌世界だ、……深読みしなければだけど。主人公がサボタージュしているあいだに、風車は主人の支配を離れ、自由に暴れまわっているのだから。想像するだけで、滑稽で、可笑しい。ただし、風車の狼藉ぶりが、則を超えない範囲にとどまっているかぎりは、だけど。それは、歌からはわからない。

　ところで、18世紀という時代背景で、未詳の作者が、この歌の主人公に選びたかったのは「粉屋」（Meunier）ではなく、本当は「粉屋の女房」（Meunière）だったとしたらどうだろう。事情は一変する。ピエール・サカは、つぎのように書いている。

　　「粉屋の女房」のテーマは、18世紀初頭にしばしばうたわれたが、往々にして卑猥な歌い方だった。この種のシャンソンは、縁日の定期市の芝居に属していた。〔資料⑩〕

　パン屋の女房でも、靴屋の女房でもなく、なぜ「粉屋の女房」がテーマなのか？　それは、中世・近世をとおして、都市住民や

農村住民にとって、風車（水車）小屋が、──フランス語では、どちらも moulin で、特別に区別するときのみ、moulin à vent（風車）、moulin à eau（水車）と表記するが、──特異な存在だったことが関係している。このことについては、ドイツ史家の阿部謹也著『中世を旅する人びと』〔平凡社、1978年〕を参考に、簡単に概観してみよう。大阪大学名誉教授でフランス近世史家の阿河雄二郎氏によれば、事情はドイツでもフランスでも、ほぼ同様だったとのことだから。

　まず、風車（水車）小屋が、民衆の生活空間から離れた町はずれ、あるいは村はずれ、──丘の上とか、畑のなかとか、森の入り口の川のそばとか、──にあったというだけでも、すでに違和感をもたれるのに十分だった。また、独立した所領で、いかなる共同体にも属さず、様々な特権・役得が与えられていたが、そのひとつが治外法権で、犯罪者が逃げこんでも外部の手が届かなかった。さらには、農民は、苦労して収穫した穀物のうち、税や貢物として納めたあとのわずかに残った自家用の小麦を製粉するのに、領主に指定された風車（水車）小屋へ持参せねばならなかった。製粉料は安くなかった。くすねられる心配もあった。製粉前の手触りのある粒々感と、製粉後の柔らかく頼りない感触の落差が、不信に輪をかけた。農民の怨嗟、怒り、恐怖、嫌悪、蔑みは、こうして領主よりも、まずは粉屋に向けられた。
　ほかにも多々理由はあるが、見落としてはならないことは、粉屋が、《居酒屋開設権をもっている場合も多く、そこでパン、ビール、塩、肉、魚その他飲食物が売られた》〔前掲書〕という事実だ。この酒造権、パン焼き権などからあがる収益以外に、居酒屋から安宿、安宿から曖昧宿へと、道は一直線だった。同書で、

阿部謹也氏は述べている。

　　なんの罪もない粉ひきの妻がつねに伝説やそれにもと
　づく文学のなかで美しいが不実な女として描かれている
　のも、こうした粉ひきに対する恐怖と不信を背景とする
　ものであった。水車小屋はしばしば娼婦宿のような役割
　を果たしたといわれる。

　18世紀の《縁日の定期市の芝居》に頻出したという「粉屋
の女房」（Meunière）をテーマとする俗謡も、粉屋が担う歴史、
——宿命、——を背景に生まれてきたことが、これでわかる。

　なのに、なぜシャンソン『粉屋さん、あんた眠ってるの』の主人公
は、「粉屋の女房」（Meunière）ではなく、「粉屋の主人」（Meunier）
なのだろうか。ピエール・サカは、子どもの歌のレパートリーに
入れる必要から生じた結果だという。《実際、どうして粉屋の女
房の不運なできごとを無邪気な声でうたわせられようか、民衆歌
謡の伝統にあっては、眠ったふりをしてより巧みに自分を誘惑さ
せるのが粉屋の女房》なのだから、と。
　眠ったふり、もっといえば、眠ったふりをして横たわる女性の
姿態、——これこそは、ルネッサンス期の「眠れる横たわるヴィ
ーナス」から出発して、近現代の「眠れる横たわる裸婦」に連な
る、西洋美術史上のもっとも美しく官能的な女性の形姿だ。まし
て、一転して、《あんたの風車、速くまわりすぎ／……勢いよす
ぎ》とうたうとき、男女の直接的な行為が赤裸々に思い浮かぶ。
子どもにだって、ある年齢になれば、わかるだろう。

要するに、ピエール・サカは、元歌は「粉屋の女房」だったも
のが、──いや、「粉屋の女房」であるはずだったものが、──
それではあまりに刺激が強すぎると、だれかが、ある時点で、
「粉屋の主人」に置き換えた、といっているようなものだ。真偽
のほどは、わからない。サカは、こう付け加えてもいる、《いずれに
せよ、歌詞は違っていても、曲はほぼ同じだ》と。そして、このシ
ャンソンの解釈は、本来、これでおしまいだ、……いや、おしまい
のはずだった。

＊

　ところで、ジャン゠クロード・クランが19世紀の作とし、ピ
エール・ショメイユは、できて《やっと数十年》程度、──つま
り、20世紀前半（？）、──と注記していることには、すでに触
れた。ただ、このふたりにしても、作詞時期にそうとう隔たりが
ある。
　ちなみに、ウィキペディアを検索すると、《回転するたびに鳴
る鐘の音で、粉屋は風車の速さを推し測ることができたが、あま
りに速くまわりすぎると、空中に浮遊している小麦粉の細かい粉
末や埃やそのほかの微粒子と、微結晶質の石英の集合体である燧
石を含んだ碾臼が発生させる火花が反応して、爆発する危険があ
った》旨の説明が付されている〔資料⑮〕。驚いた。じつに科学
的だ。
　とすると、粉屋は仕事中にうっかり眠りこんだりしては危険だ
よ、風車が速くまわりすぎると、空中の小麦の粉末や微粒子が増
え、火花で点火しやすくなり、爆発事故が起こるかもしれないか
らね、……という警告の歌ということか？　よくわからない。
　よくわからないが、ウィキペディアには、元来の定番歌詞に、
のちに付け加えられた歌詞が記載されている。ひょっとすると、

ピエール・ショメイユが言及しているのはこのヴァージョンの存在を意識してのことかもしれないが、これもよくわからない。以下に紹介しておこう。駄作だ。〔資料⑮〕

Meunier, tu dors, et le vent souffle souffle

Meunier, tu dors, et le vent souffle fort

Les nuages, les nuages viennent vite,

Et l'orage et l'orage gronde fort !

Les nuages, les nuages viennent vite,

Et l'orage et l'orage gronde fort !

Le vent du Nord a déchiré la toile

Meunier, tu dors, ton moulin est bien mort

　　　粉屋さん、あんた眠ってるの、風が吹いてる、吹いてるよ

　　　粉屋さん、あんた眠ってるの、強い風が吹いてるよ

　　　雲が、雲がすぐにやってくる、

　　　そして雷雨が、雷雨が大きな音をとどろかせてる！

　　　雲が、雲がすぐにやってくる、

　　　そして雷雨が、雷雨が大きな音をとどろかせてる！

　　　北風が幕を引き裂いたよ

　　　粉屋さん、あんた眠ってるの、あんたの風車、動かなくなってしまったよ

　それとは別に、ジャン・エデル・ベルティエが、やはり定番歌詞を1番として、以下のような歌詞2番、3番を自作している〔資料⑪〕。

2. Meunier, tu dors!

　La farin', la farine déborde

　Meunier, tu dors!

　La farin', la farine est dehors

　La farin', la farine déborde

　La farin', la farine dehors

　　　　　粉屋さん、あんた眠ってるの！

　　　　　小麦粉が、小麦粉があふれてるよ

　　　　　粉屋さん、あんた眠ってるの！

　　　　　小麦粉が、小麦粉が外にこぼれてるよ

　　　　　小麦粉が、小麦粉があふれてるよ

　　　　　小麦粉が、小麦粉が外にこぼれてるよ

3. Meunier, tu dors!

　Les souris, les souris se régalent

　Meunier, tu dors!

　Les souris, les souris sont dehors

　Les souris, les souris se régalent

　Les souris, les souris sont dehors

　　　　　粉屋さん、あんた眠ってるの！

　　　　　ネズミが、ネズミがおいしそうに食べてるよ

　　　　　粉屋さん、あんた眠ってるの！

　　　　　ネズミが、ネズミが外にでてきてるよ

　　　　　ネズミが、ネズミがおいしそうに食べてるよ

　　　　　ネズミが、ネズミが外にでてきてるよ

このヴァージョンのほうがユーモラスで、呑気に眠りこんでし

まった粉屋さんによく呼応している。

　結局のところ、シャンソン *Meunier, tu dors*（粉屋さん、あんた眠ってるの）の成立年代は、いつなのか？……　あらためて、ピエール・サカの 18 世紀説に従っておきたい。まったく、いつの場合も、古謡は不明なことが多い。

〔資料Ⅱ-3〕

8. *Un kilomètre à pied*
　　徒歩で1キロ

1. Un kilomètre à pied,

   Ça use, ça use…

   Un kilomètre à pied,

   Ça use les souliers.

   　　　　徒歩で1キロ、

   　　　　すり減らすよ、すり減らすよ……

   　　　　徒歩で1キロ、

   　　　　そりゃすり減らすよ、靴を。

2. Deux kilomètres à pied,

   Ça use, ça use…

   Deux kilomètres à pied,

   Ça use les souliers.

   　　　　徒歩で2キロ、

   　　　　すり減らすよ、すり減らすよ……

   　　　　徒歩で2キロ、

   　　　　そりゃすり減らすよ、靴を。

3. Trois kilomètres à pied,

   Ça use, ça use…

   Trois kilomètres à pied,

   Ça use les souliers.

   　　　　徒歩で3キロ、

   　　　　すり減らすよ、すり減らすよ……

徒歩で３キロ、

そりゃすり減らすよ、靴を。

〔資料⑪〕

　作詞作曲不詳。あとに４キロ、５キロ……とつづく。うたうだけだから、100 キロだっていい。靴はボロボロになるかもしれないけど。

　しかし、実際におとなたちが、子どもたちや、友人たちや、家族と、この歌をうたいながら一緒に歩けば、それがたとえ３〜４キロの距離でも、時間と風景を共有したことで、満足感、幸福感、親愛の情を、暗黙のうちに了解しあうことになるだろう。

　子どもの歌をはなれ、現代の大人たちへのメッセージとして捉えることもできる。通勤にできるだけ車を使わず、歩くことを心がけることで、——確かに、靴は磨り減り、足は疲れるだろうけど、——体のほかの部分の健康にはいいことずくめだ。排気ガスが減り、空気はいくぶんか清浄化され、交通渋滞も改善されるだろう。日本の都会、——たとえば京都市（827.8km^2）では難しくても、——パリ市（105.4km^2）では可能だ、……と悦に入っていると、似たようなことを考えるフランス人がいて〔資料⑯〕、そうなると、かえって穿ちすぎ、牽強付会に思えてきた。基本が、幼児が、１、２、３、…10、11、12、…20、21、22、……と、数字を暗記するための遊び歌にすぎないから。

9. *Dansons la capucine*
キャピュシーヌを踊ろう

1. Dansons la capucine

   Y'a pas de pain chez nous

   Y'en a chez la voisine

   Mais ce n'est pas pour nous

   You !

      キャピュシーヌを踊ろう
      私たちの家にはパンがない
      隣の家にはあるけど
      でも、私たち用じゃない
      ユー！

2. Dansons la capucine

   Y'a pas de vin chez nous

   Y'en a chez la voisine

   Mais ce n'est pas pour nous

   You !

      キャピュシーヌを踊ろう
      私たちの家にはワインがない
      隣の家にはあるけど
      でも、私たち用じゃない
      ユー！

3. Dansons la capucine

   Y'a pas de sel chez nous

Y'en a chez la voisine

Mais ce n'est pas pour nous

You !

> キャピュシーヌを踊ろう
> 私たちの家には塩がない
> 隣の家にはあるけど
> でも、私たち用じゃない
> ユー！

4. Dansons la capucine

Y'a pas d'habits chez nous

Y'en a chez la voisine

Mais ce n'est pas pour nous

You !

> キャピュシーヌを踊ろう
> 私たちの家には服がない
> 隣の家にはあるけど
> でも、私たち用じゃない
> ユー！

5. Dansons la capucine

Y'a du plaisir chez nous

On pleure chez la voisine

On rit toujours chez nous

You !

> キャピュシーヌを踊ろう
> 私たちの家には喜びがある

隣の家では泣き声なのに
　　私たちの家ではいつも笑い声
　　ユー！

〔資料⑬〕

　作詞作曲不詳。ルイ16世のタンプル塔幽閉（1792年8月13日）直後に生まれた作者不詳の革命歌『ラ・カルマニョル』（*La Carmagnole*）ルフラン部の穏やかヴァージョンだ。

　ふたりずつ向きあって両手をつないだ子どもたちが、一方の方向に円を描き、ついで反対方向に円を描きながら、うたい踊る。各歌詞の最後のことばにきたら、みなうずくまり、次に「ユー！」と叫んで跳びあがる〔資料⑪〕。子どもがひとりのときは、大人（ふつうは親）が向きあって両手をつなぎ、ぐるぐる回りながらうたい、最後に動作も掛け声も同じようにやる。

　歌詞によっては、うずくまったままの姿勢で《chou!》（シュー！）と叫ぶのもあるようだ〔資料Ⅱ–1〕。《chou》は名詞なら野菜のキャベツと同音・同綴り、——歓声「キャベツ！」は、想像すると滑稽だ。だから、多分そうではなくて、「すてき！」と響くのだろう。形容詞《chou》には、そういう意味もあるから。Ce qu'elle est chou〔choute〕（彼女はなんてすてきなんでしょう）のように。この場合、女性でも男性形をもちいることがあるそうだ。〔Cf.『プチ・ロワイヤル仏和辞典』旺文社〕

　YouTube には、子どもたちが手をつなぎあって一重の輪を作り、フォークダンスのようにぐるぐる回りながらうたっているアニメ映像もある。とにかく、〈輪になって踊ろう〉という、単純な遊びだ。

　だが、単純なものほどメッセージ力はストレートだ。自分の家

にはパンもワインも塩も服も、加えていえば、ミルクも菓子もな
にもないが、隣家にはすべてある。これだけ聞けば、貧富の差を
リアルに描いて、ただただ惨めなだけだが、軽快で明るく弾むよ
うなリズムは、そんな暗さをいささかも感じさせない。歌詞ごと
に最後に叫ぶ「ユー」からは、悲観主義を一瞬のうちに吹きとば
す人生への高らかな肯定がほとばしりでている。最後の歌詞がそ
の証だ、《キャピュシーヌを踊ろう／私たちの家には喜びがある
／隣の家では泣き声なのに／私たちの家ではいつも笑い声／ユ
ー！》

　だがどうだろう、たとえ貧しくても、心のもちようで豊かにな
れる、といっているようなこの無責任な楽天主義は、世間を知る
以前の子どもにしか通用しないのではないか？

＊

　シャンソン『さくらんぼの実る頃』（*Le temps des cerises*)
の作詞で有名なジャン＝バティスト・クレマン（Jean-Baptiste
Clément, 1836-1903）が、この歌にまつわる思い出を語っている
〔資料⑮〕。

　数日、シャルロットお祖母さんの家で過ごした幼い頃のこと
だ。お祖母さんは、《夜になると、いくつかお話を語って聞かせ
てくれたあとで、私を寝つかせるために、『キャピュシーヌ』
をうたいながら、膝の上で、私を飛び跳ねさせたものだ》。幼い
クレマンは、とても幸せな気持ちになって、キャッキャ笑いなが
ら、何度もこの歌を所望した。はしゃいで疲れたあと、すぐにも
安らかな眠りに落ちる。かなり大きくなってからは、クレマン自
身がしばしば口ずさんだ。

　が、その大きくなってからのことだ。クレマンは、服もボロボ

45

ロ、見るからに栄養失調の子どもたちが、何度もこの歌をうたい、輪になって踊っている場面にであった。そして、そのたびごとにこの子たちもまた笑っている！

　クレマンのなかで、なにかが弾けた。《私はこの聞き古された歌を一新したいと思った、将来を思い煩っている善良な人たちが自分の子どもたちに教えられるように。その子たちは、大きくなったとき、せめても自分たちの貧困の原因を知るだろうし、ことによるとそれを改善しようとするだろう》。

　そうして作詞したのが、次の歌詞だ。1866 年の作で、その時点での作曲はマルセル・ルゲ（Marcel Legay）。残念ながら未聴だが、一般に不評のようだ。マルタン・ペネは、冷静に、Musique: traditionnelle と記し、伝承されている曲にのせてうたうよう指示している〔資料⑬〕。

Dansons la capucine!

1. Dansons la capucine!

　Le pain manque chez nous.

　Le curé fait grasse cuisine,

　Mais il mange sans vous.

　Dansons la capucine!

　Et gare au loup,

　You!...

　　　　　キャピュシーヌを踊ろう！

　　　　　私たちの家にはパンがない。

　　　　　司祭は脂身たっぷりの肉料理をつくるが、

　　　　　食べるのはあなたがたがいないときだ。

キャピュシーヌを踊ろう！
そしてオオカミにご用心、
ユー！……

2. Dansons la capucine!

Le vin manque chez nous.

Les gros fermiers boivent chopine,

Mais ils trinquent sans vous.

Dansons la capucine!

Et gare au loup,

You!...

キャピュシーヌを踊ろう！
私たちの家にはワインがない。
大農場主たちは半リットルは飲むが、
痛飲するのはあなたがたがいないときだ。
キャピュシーヌを踊ろう！
そしてオオカミにご用心、
ユー！……
〔注〕chopine は、昔の液量単位で約 0.5 リットル

3. Dansons la capucine!

Le bois manque chez nous.

Il en pousse dans la ravine,

On le brûle sans vous.

Dansons la capucine!

Et gare au loup,

You!...

キャピュシーヌを踊ろう！
私たちの家には薪（まき）がない。
小さな峡谷に木は生えてるが、
薪（まき）が焚かれるのはあなたがたがいないときだ。
キャピュシーヌを踊ろう！
そしてオオカミにご用心、
ユー！……

4. Dansons la capucine!

L'argent manque chez nous.

L'empereur en a dans sa mine,

Mais ça n'est pas pour vous.

Dansons la capucine!

Et gare au loup,

You!...

キャピュシーヌを踊ろう！
私たちの家にはお金がない。
皇帝は自分の鉱山に銀をもっているが、
それはあなたがた用ではない。
キャピュシーヌを踊ろう！
そしてオオカミにご用心、
ユー！……

5. Dansons la capucine!

L'esprit manque chez nous.

L'instruction en est la mine,

Mais ça n'est pas pour vous.

Dansons la capucine!

Et gare au loup,

You!...

　　　　キャピュシーヌを踊ろう！

　　　　私たちの家には才知が欠けている。

　　　　教育が才知の宝庫なのだが、

　　　　それはあなたがた用ではない。

　　　　キャピュシーヌを踊ろう！

　　　　そしてオオカミにご用心、

　　　　ユー！……

6. Dansons la capucine!

L'amour manque chez nous.

La pauvreté qui l'assassine,

L'a chassé de chez vous.

Dansons la capucine!

Et gare au loup,

You!...

　　　　キャピュシーヌを踊ろう！

　　　　私たちの家には愛が欠けている。

　　　　貧乏が愛を殺し、

　　　　あなたがたの家から愛を追い払った。

　　　　キャピュシーヌを踊ろう！

　　　　そしてオオカミにご用心、

　　　　ユー！……

7. Dansons la capucine!

La tristesse est chez nous.

Dame Misère est sa voisine,

Et vous en aurez tous.

Dansons la capucine!

Et gare au loup,

You!...

キャピュシーヌを踊ろう！
私たちの家には悲哀がいる。
貧困婦人が悲哀の隣人、
あなたがたみな、酷(ひど)い目にあうぞ。
キャピュシーヌを踊ろう！
そしてオオカミにご用心、
ユー！……

8. Dansons la capucine!

La misère est chez nous.

Dame Colère est sa voisine,

Et vous en aurez tous.

Dansons la capucine!

Et gare au loup,

You!...

キャピュシーヌを踊ろう！
私たちの家には貧困がいる。
憤怒婦人が貧困の隣人、
あなたがたみな、酷(ひど)い目にあうぞ。
キャピュシーヌを踊ろう！
そしてオオカミにご用心、

　　　ユー！……

9. Dansons la capucine!

　La colère est chez nous.

　Dame Vengeance est sa voisine,

　Courez et vengez-vous!

　Dansons la capucine!

　Et gare au loup,

　You!...

　　　　キャピュシーヌを踊ろう！

　　　　私たちの家には憤怒がいる。

　　　　復讐婦人が憤怒の隣人、

　　　　駆けつけて、仕返ししてやれ！

　　　　キャピュシーヌを踊ろう！

　　　　そしてオオカミにご用心、

　　　　ユー！……

　これぞ、裏返しの楽天主義で、「万国労働者よ、立て！」といっているようなもの、イデオロギーむきだしだ。立てば一挙にいい世の中ができるとでもいうのだろうか……。元歌の矛盾を孕んだ起爆力はどこにもない。

　そう、自由平等などありもしないという残酷な現実を、「歌＝仮想」の世界で笑い飛ばすことで、この世を生き抜いていく知恵と活力を、元歌は子どもたちに教えてくれる。不平等というこの世の矛盾を認めろとうたっているのではない。まずは、そんなことで人間の優劣、幸不幸を決めることを、笑い飛ばせといっているだけだ。大人になってからの生き方はまた、各人が選択すれば

いい。

　クレマン版の第4連（歌詞4番）にでてくる「皇帝」は、第2帝政のただなかゆえ、ナポレオン3世のことだろう。ナポレオン3世が所持していたのは、銀山だ。それゆえ、《私たちの家にはお金がない／皇帝は自分の鉱山に銀をもっているが》とふつうに訳した部分も、《私たちの家には銀貨がない／皇帝は自分の銀山に銀をもっているが》と意訳していいかもしれない。ちなみに、「銀鉱／銀山」は mine d'argent、「金鉱／金山」は mine d' or だ。

　なお、毎歌詞末尾でくりかえされる《そしてオオカミにご用心》からは、なぜかペローの『赤ずきんちゃん』からの教訓を思いだしてしまう。意味なく信用してはいけないのだと、無知であってはいけないのだと……。

　閑話休題：インターネットの通販サイトに、「ナポレオン3世の月桂冠タイプの5フラン銀貨」2枚（1868年ストラスブール造幣局鋳造、及び1870年パリ造幣局鋳造）が、ともに35000円で落札された旨がでている（但し2019年12月19日現在）。

〔資料II-7〕

10. *Un, deux, trois, allons dans les bois*
1 、 2 、 3 、森へ行こう

Un, deux, trois

Allons dans les bois

Quatr', cinq, six

Cueillir des cerises

Sept, huit, neuf

Dans mon panier neuf

Dix, onze, douze

Ell's seront tout's rouges.

　　1 個、 2 個、 3 個

　　森へ行こう

　　4 個、 5 個、 6 個

　　さくらんぼを摘みに

　　7 個、 8 個、 9 個

　　ぼく（あたし）の新しい籠に

　　10 個、11 個、12 個

　　さくらんぼはみんなまっ赤だろう。

〔資料⑰〕

　歌詞 2 行目《Allons dans les bois》は、《Nous irons au bois》〔資料⑪〕とか、ほかにも主語が 1 人称単数の《Je m'en vais au bois》〔資料⑮〕とかいろいろあるが、意味はほぼ同じだ。このコンティーヌ（はやし歌）は、19 世紀には、すでにフランスのみならず、ベルギー、スイス・ロマンド地方、カナダのケベック州等、広くフランス語圏に流布していたという。

また、ベルギーのワロン地域にあたるエノ州（le Hainaut belge）では、次のような歌詞が追加されたそうだ〔資料⑮〕。

　　Treize, quatorze, quinze
　　Ce s'ra pour le prince
　　Seize, dix-sept, dix-huit
　　Il préfère les huîtres.
　　　　13個、14個、15個
　　　　これは王子様用だ
　　　　16個、17個、18個
　　　　でも王子さまは牡蠣のほうが好き。

〔資料⑪〕

11. *Un grand cerf*
大きなシカ

Dans sa cabane, un grand cerf

Regardait par la fenêtre

Un lapin venir à lui

Et frapper ainsi：

《Cerf! cerf! ouvre-moi!

Ou le chasseur me tuera!》

—Lapin, lapin, entre et viens

Me serrer la main.》

　　シカ小屋に、大きなシカが１頭いて

　　窓からじっと見つめていた

　　飼いウサギが１兎やってきて

　　こんなふうにノックするのを、

　　「シカさん、シカさん、開けてよ！

　　さもないと猟師に殺されちゃう！」

　　「ウサちゃん、ウサちゃん、さあおはいり、おいでよ

　　握手しに」

〔資料⑬〕

　作詞作曲年代不詳。大した違いではないが、冒頭《Dans sa cabane》（シカ小屋で）が《Dans sa maison》（家のなかに）に、４行目《Et frapper ainsi》（こんなふうにノックするのを）が《Et frapper à l'huis》（家の戸をノックするのを）になっている例もある。同じ内容だ。

　ところで、cerf は一般に「シカ」類だが、特に雌雄を弁別する

ときは「雄ジカ」が cerf（セール）で、「雌ジカ」が biche（ビッシュ）。ちなみに「子ジカ」は faon（ファン）。

　lapin（ラパン）は「飼いウサギの雄」のことで、雌は lapine（ラピンヌ）。「野ウサギ」は lièvre（リエーヴル）だ。

　従って、この歌では、シカもウサギも、雄と考えてイメージしてよいはずだが、YouTube をいくつか聴いてみて、そのアニメに驚いた。ウサギが可愛い雌で描かれているものがある。さすがにシカは雄だ。雄が困っている雌を助け、家に迎えいれるというほうが自然なのだろうが、……はて？

　このコンティーヌは、ウサギの耳や、シカの角や、猟師が鉄砲を撃つ恰好や、シカとウサギの握手の場面など、幼児でも、うたいながら手や指を動かして、まねしやすい。

　そして、シカとウサギの役柄を交互に交代して遊んでいるうちに、小さな存在が大きな存在を必要とするだけでなく、逆に大きな存在が小さな存在を必要とする場合があることも、無意識のうちに学ぶようになる。

　さらに、弱いものたちが力をあわせれば、命を脅かす猟師、──一般化すれば、「理不尽な存在」、──に打ち勝てることだってあるだろう。歌詞1番は最初に紹介したオリジナル版とまったく同じままで、歌詞2番では歌詞1番の Un lapin（飼いウサギ）を Un panda（パンダ）に、歌詞3番では Un oiseau（鳥）に置き換え、最後の歌詞4番で、寄り集まった動物仲間たちが、猟師を罠にかけて捕らえ、懲らしめ反省させるというヴァージョンも作られたようだ。その歌詞4番だけを紹介しておこう〔資料⑯〕。

Dans la maison du grand cerf,

Les amis tous réunis

Tendent un piège au chasseur

Et l'attrapent ainsi.

Chasseur, on t'a eu,

Tu ne nous mangeras plus.

Libérez-moi, les amis,

Je serai gentil !

　　大きなシカの家に

　　仲間がみんな集まって

　　猟師に罠を仕掛け

　　そのようにして捕まえる。

　「猟師よ、おまえは捕まえられたので、

　　もうわたしたちを食べられないよ」

　「お仲間さんよ、おれを自由にしておくれ、

　　これから優しくなるからさ！」

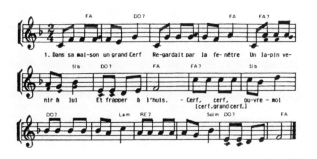

〔資料⑪〕

12. *Il pleut, il pleut, bergère*
雨が降る、雨が降るよ、羊飼い娘さん

1. Il pleut, il pleut, bergère,

   Presse tes blancs moutons.

   Allons à la chaumière,

   Bergère, vite allons.

   J'entends sur le feuillage,

   L'eau qui tombe à grand bruit.

   Voici venir l'orage !...

   Voilà l'éclair qui luit!

   　　雨が降る、雨が降るよ、羊飼い娘さん、

   　　きみの白い羊たちを急きたてて。

   　　藁葺家に行こう、

   　　羊飼い娘さん、早く行こう。

   　　聞こえるよ、葉っぱの上に、

   　　大きな雨音を立てて降っているのが。

   　　ほら、やって来たよ、雷雨が！……

   　　ほら、稲妻が光っているよ！

2. Entends-tu le tonnerre ?

   Il roule en approchant.

   Prends un abri, bergère,

   A ma droite en marchant.

   Je vois notre cabane,

   Et tiens, voici venir

   Ma mère et ma sœur Anne

Qui vont l'étable ouvrir.

　　　　雷鳴が聞こえるかい？

　　　　轟きながら近づいてくる。

　　　　雨宿りの場所をみつけるんだ、羊飼い娘さん、

　　　　ぼくの右手の方に、歩きながらね。

　　　　うちの家畜小屋が見えるぞ、

　　　　おや、やって来るぞ

　　　　ぼくの母と妹のアンヌが

　　　　家畜小屋を開けにいくんだ。

3. Bonsoir, bonsoir, ma mère,

　Ma sœur Anne, bonsoir.

　J'amène ma bergère

　Près de vous pour ce soir.

　Va te sécher, ma mie,

　Auprès de nos tisons ;

　Sœur, fais-lui compagnie...

　Entrez, petits moutons.

　　　　ただいま、お母さん、

　　　　アンヌ、ただいま。

　　　　連れてきたよ、ぼくの羊飼い娘さんを

　　　　あなた方のそばにいさせて、今晩。

　　　　体を乾かしに行っておいで、可愛いひと、

　　　　暖炉の火のそばに。

　　　　妹よ、ついててあげて……

　　　　おはいり、子羊たち。

4. Soignez bien, ô ma mère,

   Son tant joli troupeau;

   Donnez plus de litière

   A son petit agneau...

   C'est fait... Allons près d'elle!

   Ainsi donc, te voilà !...

   En corset qu'elle est belle ;

   Ma mère, voyez-la !...

   　　　　ちゃんと世話をしてあげて、お母さん、

   　　　　娘さんのあんなにも可愛い羊の群れを。

   　　　　もっとたくさんの寝藁をやってね

   　　　　その子羊には……

   　　　　これでよし……　さあ、娘さんのそばへ行こう！

   　　　　おやおや、きみはここにいたの！……

   　　　　コルセット姿の、なんて美しいこと。

   　　　　お母さん、娘さんを見て！

5. Soupons; prends cette chaise,

   Tu seras près de moi ;

   Ce flambeau de mélèze

   Brûlera devant toi ;

   Goûte de ce laitage ;

   Mais tu ne manges pas?

   Tu te sens de l'orage,

   Il a lassé tes pas.

   　　　　夕食にしよう、その椅子を取って、

   　　　　ぼくのそばにおいで。

このカラマツの炎が
きみの前で燃えたつよ。
この乳製品を味わってみて。
おや、食べないの？
雷雨の余韻を感じているんだね、
雷雨のせいで足が疲れたんだね。

6. Eh bien, voilà ta couche,

　Dors-y jusques au jour ;

　Laisse-moi, sur ta bouche,

　Prendre un baiser d'amour;

　Ne rougis pas, bergère,

　Ma mère et moi, demain,

　Nous irons chez ton père

　Lui demander ta main.

　　　ほらね、ここがきみの寝床だよ、
　　　そこで、朝までぐっすりお眠り。
　　　ぼくの望むままに、きみの口に、
　　　愛のキスをさせてよ。
　　　恥ずかしがらないで、羊飼い娘さん、
　　　母とぼくとで、明日、
　　　きみのお父さんの家に行って
　　　結婚を申し込むつもりだ。

〔資料⑬〕

　作詞はフィリップ・ファーブル・デグランティーヌ（Philippe
Fabre d'Églantine, 1750-94）1780 年の作で、作曲はルイ゠ヴィク

トル・シモン（Louis-Victor Simon, 1764-1820）〔資料③⑮〕。同年に、オランダのマーストリヒトで上演するための一幕物オペラ・コミック『ラウラとペトラルカ』（*Laure et Pétrarque*）の挿入歌として作詞作曲されたもので、当初は *Le Retour aux champs*（田園への回帰）と題されていたようだが、その後、歌詞冒頭の一句がタイトルになり、その甘く心地よい旋律から、この歌だけが独立して広くうたわれるようになった。従って、元のオペラ・コミックとの関連を考える必要はない。

筋立てを要約すると、こうだ、——雷雨が近づいてくるよ、羊飼い娘さん、ぼくの家へ、藁葺家（わらぶきや）へ雨宿りにいこう。おや、ぼくの母と妹のアンヌが、家畜小屋の戸を開けにきたぞ。お母さん、アンヌ、ぼくの愛しいひとがいっしょだよ。さあ、きみは濡れた体を暖炉の火で乾かして。上着を脱いだコルセット姿のきみはなんて美しいんだ。お母さん、娘さんの羊たちの世話を頼むよ。その子羊には、とくに寝藁をたくさんあげてね。それでは、ぼくのそばで夕食にしよう。乳製品をお食べよ。食欲がないのは、雷雨のせいかな。じゃ、この寝床でおやすみ、ぼくに愛のキスをさせてね。明日、母といっしょにきみのお父さんに結婚の申し込みに行くから、——とたどれば、もう典型的な「牧歌」（Bergerie）、「羊飼いの若者」と「羊飼い娘」の清純な恋物語だ。表層だけをたどれば、だけど。

このシャンソンの作詞が1780年、フランス革命勃発（1789年）のわずか9年前のことで、しかも当の作詞者ファーブル・デグランティーヌ自身が革命の進行中に処刑された（1794年）とあれば、——そして、伝説では、死に臨んで、この自作シャンソ

ンを口ずさんでいたというから、——歌中の迫りくる「雷雨・稲妻・雷鳴」に、後世が、なにやら予兆めいたものを感じとったとしても、不思議はない。それゆえか、「羊飼い娘」（la bergère）を「マリ＝アントワネット」（Marie-Antoinette, 1755-93）に、—— la Bergère は、この女王の「あだ名」だった、——そして、「白い羊たち」を、髪粉を振ったかつらをかぶり、断頭台の露と消えていった多くの貴族たちの群像に、なぞらえたがるようだ。

だが、どうだろう。マリ＝アントワネットが la Bergère と呼ばれたのは、ルソー流の自然への回帰に影響を受け、「シャンティの小集落」le hameau de Chantilly（1775 年）に着想を得て、ヴェルサイユ宮殿内の小トリアノン宮北側に「ル・アモー」（le Hameau、小集落）を人工的に造り（1783-85 年）、——荒壁土造り、藁屋根または平瓦葺屋根の小家屋が 12 軒建造されたが、——そのアモー内で、時に農婦や「羊飼い娘」のように振舞い興じたことに由来している。真相はというと、綺麗な衣装のまま、礼儀作法にこだわりすぎたため、あまり楽しめなかったとか。

しかし、これでよくわかる、トリアノンのアモー建設は、当該シャンソン『雨が降る、雨が降るよ、羊飼い娘さん』が作詞作曲されて以後、ということが。だから、ファーブル・デグランティーヌの作詞は、「マリ＝アントワネット」＝「羊飼い娘」を念頭においてのことではない。フランス革命がらみの解釈は、すべて後付けだ。

そうした後付け解釈は脇において、素直にこのシャンソンを楽しむとき、興味深い一面が見えてくる。

まず、歌詞 1 番冒頭 4 行：《雨が降る、雨が降るよ、羊飼い娘

さん／…／藁葺家に行こう／羊飼い娘さん、早く行こう》が、この歌全体の象徴だ。自然の粋な計らいか、突然の雷雨のおかげで、若者は娘をスムースに避難場所へ誘導できる。娘だって同様、緊張することはない。まずは、雨宿りだから。そして次の段階で、そこは、たちどころにラヴ・ホテルに変貌するはずだ。この幸運のときを、ふたりは摑んではなさないだろう。

　一般論だが、このシャンソンは、「牧歌」における珍しくもない事実、——深層でのお定まりの艶めかしい約束事、——を暗示している。そのうえで、歌詞を〈読み＝聴き〉直そう。

　まず、歌詞 1~2 番。とつぜんの雷雨に、白い羊たちを家畜小屋に避難させた若者と羊飼い娘は、若者と母と妹がいっしょに住む藁葺家に急ぐ。歌詞を読むかぎり、「家畜小屋」と「藁葺家」は別棟としか思えないが、YouTube のある動画では、白い羊たちも羊飼いの若者の家族の家に、——藁葺家のようには描かれてないが、——いっしょにはいって、雨宿りする。これは、不思議なことだ。一応、無視しよう。なぜなら、別棟でなければ、困るのだ！　母と妹アンヌが、羊飼い娘の羊たちの世話をしに家畜小屋へ行っている間、ふたりだけの最初の意味ある行為ができるからだ。

　歌詞 3 番。tison は、現代では「燠・燃えさし」の意味でしかないが、古くは複数形 tisons で「暖炉の火」をさしていた〔『ロワイヤル仏和中辞典』旺文社〕。この場合がそうで、暖炉では、カラマツの薪が赤々と燃えあがり、濡れて冷えた体を温めてくれる。

　歌詞４番。羊飼い娘は、濡れた上着を脱いで、コルセット姿になる。コルセット corset（コルセ）は胴着とも訳し、近・現代にかけて欧州大陸で使用された。時代により効用の違いもあるが、おおむね、胸を押し上げることでバストを豊かに見せ、胴を締めつけることでウェストの細さとラインの美しさが浮かびあがり、必然的にヒップの煽情的な丸みも強調される。《コルセット姿の、なんて美しいこと》とうたっている理由が、これでわかるだろう。上着とじかの下着のあいだに着用する衣装ゆえ、ふつうは人前で見せるものではない。だから、歌詞の en corset は、上品に訳せば「上着を脱いだ姿の」であり、有り体に訳せば「コルセット姿の」、赤裸々にいえばあられもない「下着姿の」だ。

　若い娘が「下着姿」にならねばならないほどのずぶ濡れなら、羊飼いの若者だって同様だ。男性だから、娘さん以上に露出度の高い状態で暖炉の前にすわったことだろう。このことを想像裡に思い描くとき、《Ce flambeau de mélèze ／ Brûlera devant toi》（このカラマツの炎が／きみの前で燃えたつよ）の詩句は、じつに意味深長だとわかる。あるフランス人は読み解くらしい、――棒状のカラマツの薪が赫々としている様は、男性の体のある部位が大きく変化したことを表象している、――と〔資料⑯〕。コルセット姿の娘の前だから、健全なら、当然そうなるだろう。

　歌詞５番。若者の母や妹の暖かい世話にもかかわらず、羊飼い娘は元気がない。折角の乳製品も、食べようとしないようだ。これも、あるフランス人には、隠された意味が察知できるらしい。正確に描写するのは控えるが、要するに、別な乳製品を、比喩的な意味での白いミルクを、女性はすでに男性から吸いとったあとだから、ということらしい〔資料⑯〕。ホントだろうか？

ホントなら、すごい想像力だ！

　それなら、歌詞６番での、明日にも急に結婚を申し込むという、不可解な性急さが理解できる。

　また《Laisse-moi, sur ta bouche ／ Prendre un baiser d'amour》（ぼくの望むままに、きみの口に／愛のキスをさせてよ）だが、別のヴァージョンでは、《Laisse-moi, de ta bouche ／ Entendre un mot d'amour》（ぼくの望むままに、きみの口から／愛のことばを聞かせてよ）になっている〔資料⑦〕。この違いは大きい。能動的なのは、前者が羊飼いの若者で、後者が羊飼いの娘だということ。ふたつ合わされば、相思相愛だ。

　いずれにしても、お休み前の短いキスや短い愛の告白ではなく、ふたりいっしょに床に就いてからの長々とした愛情表現だと思ってしまう。いや、その光景しか目に浮かばないだろう。歌詞６番１行目《Eh bien, voilà ta couche》（ほらね、ここがきみの寝床だよ）の couche には、「褥（しとね）・寝床」についで、「性交・婚姻の床」の意が辞書にはのっているだけになおさらだ〔『ロワイヤル仏和中辞典』旺文社〕。

　一般に、羊飼いの若者と羊飼い娘の「清純な恋」＝「牧歌」の概念は、表向き間違ってはいないが、それだけでは、人間の本性からいって不自然だ。そこには、当たり前の真実の愛の姿が、いつだって隠されている。この深層の正直さが裏打ちされているからこそ、表層は爽やかに美しく輝くのだ。

13. *Il pleut, il mouille*
雨が降ってる、濡れてる

---

1. Il pleut, il mouille

   C'est la fête à la grenouille

   Il pleut, il fait beau temps

   C'est la fête du serpent.

> 雨が降ってる、濡れてる
>
> それは、カエルのパーティだ
>
> 雨が降ってる、空は晴れてる
>
> それは、ヘビのパーティだ。

2. Il pleut, il mouille

   C'est la fête à la grenouille

   Il pleut, il fait soleil

   C'est la fête à l'arc en ciel.

> 雨が降ってる、濡れてる
>
> それは、カエルのパーティだ
>
> 雨が降ってる、太陽はでてる
>
> それは、虹のパーティだ。

3. Il pleut, il mouille

   C'est la fête à la grenouille

   La grenouille a fait son nid

   Dessous un grand parapluie.

> 雨が降ってる、濡れてる
>
> それは、カエルのパーティだ

　　　　　カエルが巣を作ったよ
　　　　　大きな雨傘の下に。

4. Il pleut, il mouille

　C'est la fête à la grenouille

　Il pleut, il fait beau temps

　C'est la fête au paysan.

　　　　　雨が降ってる、濡れてる

　　　　　それは、カエルのパーティだ

　　　　　雨が降ってる、空は晴れてる

　　　　　それは、お百姓のパーティだ。

5. Il pleut, il mouille

　C'est la fête à la grenouille

　Il mouille, il pleut

　C'est la fête au poisson bleu.

　　　　　雨が降ってる、濡れてる

　　　　　それは、カエルのパーティだ

　　　　　濡れてる、雨が降ってる

　　　　　それは、青い魚のパーティだ。

〔資料⑯〕

　一聴して、なにがいいたいのか自問させられるこのコンティー
ヌ（はやし歌）は、常識をひっくり返して、雨模様の悪天候を祝
福するためのものだ。雨が降らなければ困る生きもの、あるいは
職種がたくさんある。カエルは雨水がなければ干上がるし、甲羅
干しが必要なカメも平素は水のなかだ。雨上がりの空に懸かる七

68

色の虹は、空中の雨滴と太陽光線が生みだす幻術だし、農民にとっては、5日に1度の風、10日に1度の雨を必要とする。いわゆる、五風十雨だ。1年中晴れていてほしいのは、遊びが仕事の貴族ぐらいか……。

　子どもは、生来、遊びの天才だ。晴の日同様、雨の日にも創意工夫する。雨だ、さあ、行くぞ。ゴム長靴を履いて、雨傘を開き、外にでて、『雨が降ってる、濡れてる』をうたいながら、水たまりのうえを跳びはねるのだ。濡れネズミになることが楽しいのだ。お母さんは怒りながらも笑いだすだろう、かつての自分の姿なのだから……。

　ところで、歌詞5番の「青い魚」（poisson bleu）ってなんだと、ふと考えてしまう。フランス語で「赤い魚」（poisson rouge）といえば「金魚」のことだし、「白い魚」（poisson blanc）といえば、コイ科の淡水魚で特に「コイ」「フナ」のことをさすからだ。
　だが、どうもここでは特別な魚種をさすわけではなさそうだ。子どもたちがこの歌をうたいながらクレヨンで絵を描くとき、カエルは緑色に、そして魚は対照的に「青色」に塗るのが自然だからだ。いや、この単純な真実は、フランス在住の知人の孫娘さん3人が、自信をもって教えてくれたことだ。ゆめゆめ、青身魚のことだと勘違いするなかれ。
　しかし、歌詞の《雨が降ってる、濡れてる》の語順が入れ替わって《濡れてる、雨が降ってる》になったとたん、なぜ、「カエル」のパーティが「青い魚」のパーティに場面転換するのかについては、よくわからない。

次のような歌詞もみつけた。最終詩行の《ぼくはといえば笑ってる、幸せだもの》が、じつにいい。〔資料⑯〕

Il pleut, il mouille

C'est la fête à la grenouille

Quand il ne pleut plus

C'est la fête à la tortue.

　　　　雨が降ってる、濡れてる

　　　　それは、カエルのパーティだ

　　　　もう雨が降らなくなったら

　　　　それは、カメのパーティだ。

Il pleut, il mouille

C'est la fête à la grenouille

Il mouille, il pleut

Moi je ris, je suis heureux.

　　　　雨が降ってる、濡れてる

　　　　それは、カエルのパーティだ

　　　　濡れている、雨が降ってる

　　　　ぼくはといえば笑ってる、幸せだもの。

14. *Alouette, gentille alouette*
ヒバリよ、やさしいヒバリよ

［Refrain］

Alouette, gentille alouette,

Alouette, je te plumerai.

［ルフラン］

ヒバリよ、やさしいヒバリよ、

ヒバリよ、おまえの羽をむしるぞ。

1. Je te plumerai la tête

Je te plumerai la tête

Et la tête, et la tête

Alouette, alouette

Ah!

おまえの頭の羽をむしるぞ

おまえの頭の羽をむしるぞ

頭の羽を、頭の羽を

ヒバリよ、ヒバリよ

ああ！

2. Je te plumerai le bec

Je te plumerai le bec

Et le bec, et le bec

Et la tête, et la tête

Alouette, alouette

Ah!

おまえの嘴の羽をむしるぞ
おまえの嘴の羽をむしるぞ
嘴の羽を、嘴の羽を
頭の羽を、頭の羽を
ヒバリよ、ヒバリよ
ああ！

3. Je te plumerai les yeux

Je te plumerai les yeux

Et les yeux, et les yeux

Et le bec, et le bec

Et la tête, et la tête

Alouette, alouette

Ah!

おまえの目の羽をむしるぞ
おまえの目の羽をむしるぞ
目の羽を、目の羽を
嘴の羽を、嘴の羽を
頭の羽を、頭の羽を
ヒバリよ、ヒバリよ
ああ！

4. Je te plumerai le cou

Je te plumerai le cou

Et le cou, et le cou

Et les yeux, et les yeux

Et le bec, et le bec

Et la tête, et la tête

Alouette, alouette

Ah!

おまえの首の羽をむしるぞ

おまえの首の羽をむしるぞ

首の羽を、首の羽を

目の羽を、目の羽を

嘴の羽を、嘴の羽を

頭の羽を、頭の羽を

ヒバリよ、ヒバリよ

ああ！

5. Je te plumerai les ailes

Je te plumerai les ailes

Et les ailes, et les ailes

Et le cou, et le cou

Et les yeux, et les yeux

Et le bec, et le bec

Et la tête, et la tête

Alouette, alouette

Ah!

おまえの翼の羽をむしるぞ

おまえの翼の羽をむしるぞ

翼の羽を、翼の羽を

首の羽を、首の羽を

目の羽を、目の羽を

嘴の羽を、嘴の羽を

頭の羽を、頭の羽を
ヒバリよ、ヒバリよ
ああ！

6. Je te plumerai le dos

Je te plumerai le dos

Et le dos, et le dos

Et les ailes, et les ailes

Et le cou, et le cou

Et les yeux, et les yeux

Et le bec, et le bec

Et la tête, et la tête

Alouette, alouette

Ah!

おまえの背中の羽をむしるぞ
おまえの背中の羽をむしるぞ
背中の羽を、背中の羽を
翼の羽を、翼の羽を
首の羽を、首の羽を
目の羽を、目の羽を
嘴の羽を、嘴の羽を
頭の羽を、頭の羽を
ヒバリよ、ヒバリよ
ああ！

7. Je te plumerai les pattes

Je te plumerai les pattes

Et les pattes, et les pattes

Et le dos, et le dos

Et les ailes, et les ailes

Et le cou, et le cou

Et les yeux, et les yeux

Et le bec, et le bec

Et la tête, et la tête

Alouette, alouette

Ah!

おまえの両脚の羽をむしるぞ

おまえの両脚の羽をむしるぞ

両脚の羽を、両脚の羽を

背中の羽を、背中の羽を

翼の羽を、翼の羽を

首の羽を、首の羽を

目の羽を、目の羽を

嘴の羽を、嘴の羽を

頭の羽を、頭の羽を

ヒバリよ、ヒバリよ

ああ！

8. Je te plumerai la queue

Je te plumerai la queue

Et la queue, et la queue

Et les pattes, et les pattes

Et le dos, et le dos

Et les ailes, et les ailes

Et le cou, et le cou

Et les yeux, et les yeux

Et le bec, et le bec

Et la tête, et la tête

Alouette, alouette

Ah!

おまえの尾の羽をむしるぞ

おまえの尾の羽をむしるぞ

尾の羽を、尾の羽を

両脚の羽を、両脚の羽を

背中の羽を、背中の羽を

翼の羽を、翼の羽を

首の羽を、首の羽を

目の羽を、目の羽を

嘴の羽を、嘴の羽を

頭の羽を、頭の羽を

ヒバリよ、ヒバリよ

ああ！

〔資料⑬〕

　19世紀頃の作だが、作詞作曲不詳。フランスのみならず、ベルギーでもよく知られているらしいが、発祥はカナダのフランス語圏だそうだ。つぎつぎとヒバリの体の各部の名称が現れて、その部分の羽がむしり取られていき、最後は丸裸にされるという。

　食べるためなのだろうか、それはわからない。ヒバリを食べる習慣があるかどうかもわからないが、ヨーロッパ人やカナダ人にとって、ふつう森の小鳥たちはすべて食用だから、ありうるかも

しれない。実際、〈小鳩のナントカ風……〉という調理なら、フランス料理店でよく見かける。七面鳥なら、クリスマスの定番だし……。鶏ならずとも、鳥の羽をむしっている光景は、子どもたちにとっても、さほど珍しくないだろう。

　鳥の羽をむしる光景は珍しくないだろうが、一瞬、ためらいを覚えるのは、歌にして口ずさんで平気な子どもの感性だ。いや、生来、子どもとは、そんなものだ。地面に咲いた可愛い花々をキャキャ笑いながら見ていた次の瞬間、ヤッと引きちぎってしまう。見掛けの純真さに残酷さが共存している。だが、それがふつうで、むしろ正常なのだ。常識と折り合いをつけ、命の尊さを知るには、多分、「教育」を必要とする。

　ところで、歌詞の構成だが、風変わりだ。言葉の前に、順次、どんどん新たな言葉が継ぎ足される、――フランス語は横書きだから、実際には上に積み上げられていく、――ことで成り立っている。マザー・グースの童謡『ジャックの建てた家』が、同様の構成だ。最初の部分を引いてみよう。

　This is the house that Jack built.
　　　これはジャックの建てた家だ。

　This is the malt
　That lay in the house that Jack built.
　　　これは麦芽(モルト)だ
　　　ジャックの建てた家にたくわえている。

　This is the rat
　That ate the malt

That lay in the house that Jack built.

これはネズミだ
麦芽(モルト)を食べた
ジャックの建てた家にたくわえている。

（三木原浩史訳）

　以下、《これはネコだ／ネズミを殺した／麦芽（モルト）を食べた／ジャックの建てた家にたくわえている／……》と、無限級数的に続いていく。新しいセンテンスが、下から上に次々と積み上げられていく様相が、書いてみるとよくわかるだろう。ゆえに、日本語で「積み上げ歌」、フランス語では《chanson énumérative à addition》と呼んでいる。

　ともかく、子どもたちは、想像裡にひばりの羽をむしる真似をしながらうたい、体の各部の名称を覚えることになる。

〔資料⑦〕

78

15. *Do ré mi, la perdrix*
ド、レ、ミ、ヤマウズラが

1. Do ré mi, la perdrix

　Mi fa sol, prend son vol

　Fa mi ré, dans un pré

　Mi ré do, près de l'eau.

　　　　ド、レ、ミ、ヤマウズラが、

　　　　ミ、ファ、ソ、飛び立つ

　　　　ファ、ミ、レ、草地から

　　　　ミ、レ、ド、水辺に。

2. Do ré mi, colibri

　Mi fa sol, il s'envole

　Fa mi ré, dans un pré

　Mi ré do, qu'il est beau.

　　　　ド、レ、ミ、ハチドリが、

　　　　ミ、ファ、ソ、飛び立つ

　　　　ファ、ミ、レ、草地から

　　　　ミ、レ、ド、なんて美しい。

3. Do ré mi, la fourmi

　Mi fa sol, sur le sol

　Fa mi ré, a doublé

　Mi ré do, l'escargot.

　　　　ド、レ、ミ、アリが、

　　　　ミ、ファ、ソ、地面で

　　　　　　　ファ、ミ、レ、追い越した

　　　　　　　ミ、レ、ド、カタツムリを。

　4. Do ré mi, la souris

　　　Mi fa sol, n'est pas folle

　　　Fa mi ré s'est cachée

　　　Mi ré do dans un seau.

　　　　　　　ド、レ、ミ、ネズミは、

　　　　　　　ミ、ファ、ソ、抜け目がない

　　　　　　　ファ、ミ、レ、隠れた

　　　　　　　ミ、レ、ド、バケツのなかに。

〔資料⑯〕

　作詞作曲、年代不詳。歌詞１番から４番まで、詩行の１行目ど
うし、２行目どうし、３行目どうし、４行目どうしが、韻を踏ん
でいる。幼児が、ヤマウズラたちの短い物語を、楽しくうたいな
がら、無意識のうちに脚韻入門する最適の歌だ。

〔資料⑯〕

16. *Trois jeunes tambours*
3人の若い鼓手

1. Trois jeunes tambours s'en revenaient de guerre, (*bis*)

   Et ri et ran, ranpataplan,

   S'en revenaient de guerre.

> 3人の若い鼓手が戦争からもどってきた、
>
> エ・リ・エ・ラン、ランパタプラン、
>
> 戦争からもどってきた。

2. Le plus jeune a dans sa bouche une rose, (*bis*)

   Et ri et ran, ranpataplan,

   Dans sa bouche une rose.

> いちばん若い鼓手が口にバラを1枝くわえている、
>
> エ・リ・エ・ラン、ランパタプラン、
>
> 口にバラを1枝。

3. La fille du roi était à sa fenêtre, (*bis*)

   Et ri et ran, ranpataplan,

   Etait à sa fenêtre.

> 王女様が窓辺におられた、
>
> エ・リ・エ・ラン、ランパタプラン、
>
> 窓辺におられた。

4. «Joli tambour, donnez-moi votre rose, (*bis*)

   Et ri et ran, ranpataplan,

   Donnez-moi votre rose.

「ハンサムな鼓手さん、あたしにそのバラを下さいな、

エ・リ・エ・ラン、ランパタプラン、

あたしにそのバラを下さいな」

5. － Fille du roi, donnez-moi votre cœur, (*bis*)

Et ri et ran, ranpataplan,

Donnez-moi votre cœur.

「王女様、ぼくにあなたの心を下さいな、

エ・リ・エ・ラン、ランパタプラン、

ぼくにあなたの心を下さいな」

6. － Joli tambour, demandez-l' à mon père, (*bis*)

Et ri et ran, ranpataplan,

Demandez-l' à mon père.

「ハンサムな鼓手さん、あたしの父に頼んでみて、

エ・リ・エ・ラン、ランパタプラン、

あたしの父に頼んでみて」

7. － Sire le roi, donnez-moi votre fille, (*bis*)

Et ri et ran, ranpataplan,

Donnez-moi votre fille.

「国王陛下、お姫さまをわたしに下さい、

エ・リ・エ・ラン、ランパタプラン、

お姫さまをわたしに下さい」

8. － Joli tambour, tu n'es pas assez riche, (*bis*)

Et ri et ran, ranpataplan,

Tu n'es pas assez riche.

　　　「ハンサムな鼓手よ、そなた、さほど裕福でないな、
　　　エ・リ・エ・ラン、ランパタプラン、
　　　そなた、さほど裕福でないな」

9. ― Sire le roi, ne suis bien que trop riche,*(bis)*

　Et ri et ran, ranpataplan,

　Ne suis bien que trop riche.

　　　「国王陛下、わたしは充分に裕福です、
　　　エ・リ・エ・ラン、ランパタプラン、
　　　わたしは充分に裕福です。

10. J'ai trois vaisseaux dessus la mer jolie, *(bis)*

　Et ri et ran, ranpataplan,

　Dessus la mer jolie.

　　　わたしは船を3艘もっています、美しい*海上*に、
　　　エ・リ・エ・ラン、ランパタプラン、
　　　美しい*海上*に。

11. L'un chargé d'or, l'autre de pierreries, *(bis)*

　Et ri et ran, ranpataplan,

　L'autre de pierreries.

　　　1艘には黄金が積まれ、もう1艘には宝石類が、
　　　エ・リ・エ・ラン、ランパタプラン、
　　　もう1艘には宝石類が。

12. Et le troisième, pour promener ma mie, *(bis)*

Et ri et ran, ranpataplan,

Pour promener ma mie.

そして3艘目は、愛しい女性を連れだすため、

エ・リ・エ・ラン、ランパタプラン、

愛しい女性を連れだすため」

13. ― Joli tambour, dis-moi quel est ton père ? (*bis*)

Et ri et ran, ranpataplan,

Dis-moi quel est ton père ?

「ハンサムな鼓手よ、そなたの父はどなたかの？

エ・リ・エ・ラン、ランパタプラン、

そなたの父はどなたかの？」

14. ― Sire le roi, c'est le roi d'Angleterre, (*bis*)

Et ri et ran, ranpataplan,

C'est le roi d'Angleterre.

「国王陛下、父は英国王でございます、

エ・リ・エ・ラン、ランパタプラン、

父は英国王でございます。

15. Et ma mère est la reine de Hongrie, (*bis*)

Et ri et ran, ranpataplan,

La reine de Hongrie.

そして母は、ハンガリー女王でございます、

エ・リ・エ・ラン、ランパタプラン、

ハンガリー女王でございます」

16. — Joli tambour, tu auras donc ma fille, *(bis)*

Et ri et ran, ranpataplan,

Tu auras donc ma fille.

「ハンサムな鼓手よ、そなたにわが娘を与えよう、

エ・リ・エ・ラン、ランパタプラン、

そなたにわが娘を与えよう」

17. — Sire le roi, je vous en remercie, *(bis)*

Et ri et ran, ranpataplan

Je vous en remercie.

「国王陛下、ありがたく存じます、

エ・リ・エ・ラン、ランパタプラン、

ありがたく存じます。

18. Dans mon pays, y en a de plus jolies, *(bis)*

Et ri et ran, ranpataplan,

Y en a de plus jolies.»

が、わたしの国にはもっときれいな娘たちがいます、

エ・リ・エ・ラン、ランパタプラン、

もっときれいな娘たちがいます」

〔資料⑬〕をもとに、歌詞 6, 9, 14, 15 番は〔資料①〕を、
歌詞 13 番は〔資料⑦〕を参照のうえ、補足した。

1745 年頃(？)の作。作詞作曲不詳。

王女様の《ハンサムな鼓手さん、あたしにそのバラを下さい
な》を聴いてすぐ、フランソワーズ・サガンの小説『ブラームス
はお好き？』(*Aimez-vous Brahms?*) を思いだした。相手を好まし

く感じたら、「ええ」と答えればよい。デート成立。いうまでも
ないが、本当にブラームスが好きかどうかは、この場合、どちら
でもいい。相手が好ましくなければ、「いいえ」と速答する。双
方、傷つくことなくデート不成立だ。だれしも、ストレートにデ
ートを申し込むのは勇気がいるが、嗜好を介して、間接的に気持
ちを伝える分にはソフトだ。簡便で効果的な「愛の技法」、青年
期、だれしも経験することだろう。

　３人の鼓手が登場するが、窓辺の王女様が気に入ったのは、そ
のなかのひとり。美男だったから、そして粋だったから、口元に
１枝のバラの花をくわえていて……。
　さっそく王女様は、古来の「愛の技法」を試してみる、──
《そのバラを下さいな》と。以心伝心、拈華微笑。若者には、王
女様の気持ちがすぐにも伝わった。「バラ」は、ここでは「心」
の表象。だから、鼓手は一足飛びに「ええ」を超えて、こう応じ
る、──《ぼくにあなたの心を下さいな》と。
　女性のほうからモーションをかけるケースが、珍しいかどうか
は知らない。歌でうたわれ、詩で詠まれる場合、能動的なのは概
ね男性側のように思う。が、このシャンソンでは、王女様が、
──窓辺のお姫さまが、──仕掛けた。いや誘惑した。身分もわ
からぬ一介の鼓手に。だから歌詞冒頭から、これは、一篇の夢物
語。夢なら成就しやすかろう、……ん？　……ホント？
　そんな期待を抱きながら終わりまで聴きつづけると、豈はから
んや、意外な結末が待っていた。王女様が、断られた！　戦場か
ら戻り、太鼓をたたいて行進していた若者が、なんと王女様を上
回る高い身分で大金持ちだった！
　王女様の父国王が、見知らぬ鼓手の資産を危ぶんだのは不思議

でない。娘の将来、父親の立場を鑑みれば当然のこと。そして、鼓手の身分がわかるや、すぐさま君子豹変、娘を与えようとしたのも利に聡いからではない。娘の父として、また王として、——地位・身分を安定させねばならぬ立場から、——これまた当然の判断だ。

　ただ、この鼓手の断る理由が、ちと残酷。《わたしの国にはもっときれいな娘たちがいます》と。現代なら、容貌を理由にするのはご法度だ。

　それにしても、主役ふたりが、どこかの国の若者とお姫さまどうしのお話とすれば、他愛ない架空の物語、——結末もそれなりに教訓的、結婚は釣り合いが大事だよで、——メルヘンとしては成り立つだろう。

　だが、困ったことに、窓辺の王女様の国は不詳のままだ。それならそれでかまわない。あるいは、フランスの歌なのだからフランスの王女様と思いたい向きもあるだろうが、そうでもないようだ。

　なんといっても、歌詞 14~15 番が問題だ。鼓手の父が英国王で母がハンガリー女王と、身分がじつに具体的、かつ生々しい。この時点で、だれでも、どこでもいい話、というメルヘン特有の曖昧さが消え、事実の検証が強いられることになった。これは厄介だ。窮屈だ。面倒だ。面白くない。空想の羽ばたく余地がなくなった。ヴァージョンによっては、マルタン・ペネ版のように歌詞 14~15 番が省かれているのは、それゆえだろうか……。

　それにしても、ハンサムな鼓手は、どこ国のだれなのか？……。この謎を解くカギは、シャンソン成立の時期にある。ア

ンリ・ダヴァンソンは、1740年から1748年にかけてのオーストリア継承戦争を背景にしたものとし、「母」はマリア・テレジアであると仄（ほの）めかしている〔資料①〕。マルティーヌ・ダヴィドとアンヌ＝マリ・デルリューは、もっと絞り込み、1745年のフォントノワ（Fontenoy）の戦い以後に仲間入りした軍隊行進曲だという。このときフランスは、マリア・テレジア大公妃のオーストリアと「同盟関係」（alliance）を結んでいた宿敵「英国」（グレイト・ブリテン王国）と、一戦交えていた。このフランス語allianceは、人間どうしなら「姻戚関係」を示す単語でもあることに注意しよう。

　ちなみに、オーストリア継承戦争は、神聖ローマ帝国皇帝カール6世が男子に恵まれず、実娘のマリア・テレジアにハプスブルク家領（オーストリア）を継承させようとしたことが発端だ。反対するプロイセン軍は、1740年にカール6世が没するや、バイエルン、ザクセン、フランスなどの支持を得て、オーストリアに進攻する。マリア・テレジアは当時23歳、第4子を妊娠中だった。夫は、元ロートリンゲン（ロレーヌ）公で、トスカーナ大公のフランツ・シュテファンだ。夫婦仲は極めて円満。しかし戦争は、オーストリアが劣勢。マリア・テレジアは東方のハンガリーに救いを求め、夫と子どもたちを伴いプレスブルク（スロバキア語ではブラチスラヴァ）へ赴く。そして、6月25日にハンガリー女王として即位し、9月には幼いヨーゼフを腕に抱き、自ら議会で演説、《騎士道精神にかなった勇敢なハンガリー国民に庇護を》〔資料②〕求め、資金と兵力をひきだした。

　このオーストリア継承戦争で、まっさきにオーストリア側につ

いたのが、同盟国の英国だった。つまり、窮したオーストリアを
西の英国と東のハンガリーが助ける側に回ったということ。とき
の英国王はジョージ2世で、ハンガリー女王はもちろんマリア・
テレジアだ。「ハンサムな鼓手」の父を英国王に、母をハンガリ
ー女王に見立てたのは、すぐれて、「英墺同盟」をもじった作詞
者の才知だろう。「同盟関係」(alliance) は、「婚姻関係」を示す
単語でもあることはすでに述べた。それを踏まえれば、「ハンサ
ムな鼓手」は、論理的にはオーストリアの王子ということにな
る。だがこれは歴史的事実ではない。事実を追おうとして、とつ
ぜん虚構の世界に落ちこんだ。

　また、「ハンサムな鼓手」が、論理的にはオーストリアの王子
だとすると、ではいったい、「ハンサムな鼓手」が凱旋した国は
どこなのか？　敵国フランス軍に参加して、フランスに凱旋した
とは考えられない。オーストリアより小国で、オーストリアの同
盟国、……それは、ハンガリー以外にないだろう。窓辺のお姫さ
まは、ハンガリーの王女さまか？　いやそれも違う。あくまでオ
ーストリア継承戦争を背景に考えるなら、ハンガリー王国の女王
は、くだんのマリア・テレジアだったから。ハンガリー王はいな
い。

　となると、歌中、英国やハンガリーなどがでてきたが、結局
は、荒唐無稽な作り話。どこかの国の若い男（ハンサムな鼓手）
と若い娘（窓辺のお姫さま）の叶わぬ恋の物語、ということに落
ち着く。まこと、実在の国名の挿入は、人騒がせな迷惑な作為だ
った。

　ピエール・ショメイユよれば、このちゃめっけある潑剌とした

シャンソンは、フォントノワの戦いから15年もたった1760年頃に、ルイ15世の軍隊内で、行進曲として大いに流行ったという。この時代、兵士はみな、いつの日か、飾り紐できらきらする将校の綺麗な軍服を着ることを、さらには、自分の若さと連隊の行進に合わせて打ち鳴らす自分の楽器のリズミカルな音が、ひとりの美しい王女様の心を惹きつけることを夢見ていたという〔資料⑦〕。戦より女性だ。それが本当なら、さすがロココ時代、ルイ15世、すなわち「こよなく愛でられし王」(le Bien-aimé) の軍隊だ。

〔資料⑦〕

17. *Petit Papa*
　プティ・パパ

Petit Papa,

C'est aujourd'hui ta fête.

Maman m'a dit

Que tu n'étais pas là.

J'avais des fleurs pour couronner ta tête

Et un bouquet pour mettre sur ton cœur.

Petit Papa, petit Papa.

　　パパ、

　　今日はあなたの誕生日。

　　ママがいったの

　　あなたはいまおうちにいないって。

　　お花を幾輪ももってたよ、あなたの頭を飾るために

　　花束もひとつ、あなたの胸に抱えてもらうために。

　　パパ、パパ。

〔資料⑪⑰〕

　作詞作曲、年代不詳。《Petit Papa》（プティ・パパ）の petit は、親しみをこめた「いとしい、大好きな」の意味だが、歌詞の日本語訳としては「パパ」だけでいいだろう。

　フランスのガリマール社からでている『ママとパパのための詩とはやし歌とわらべ歌』（*Poésies comptines et chansons pour Maman et Papa*）の挿絵では、——歌詞はまったく同じ、——野原で摘んできたのだろう、幾輪かの花を右手にもった男の子が、左手で妹の手をつなぎ、家の前に立っている。その家の開いた窓

辺には、帰宅したのだろうか、父親とおぼしき若い男性が、2人
の子どもをじっと見つめている、――そんな情景が淡い色彩で描
かれている。

　ところで、ブルターニュ地方では、賛歌『イエスに栄光あれ』
（*Gloar da Jezuz*〈*Gloire à Jésus*〉）が、この歌の旋律にのせてうたわ
れるそうだ。いくつかのヴァージョンでは、その後に、次の1行
《la do sol sib la fa Petit Papa, Petit Papa》（ラ・ド・ソ・シ・ラ・フ
ァ・プティ・パパ、プティ・パパ）が、補足されるという〔資料⑪〕。

　ヴァリアントをひとつ〔資料⑯〕。

　　Petit papa

　　C'est aujourd'hui ta fête

　　Maman l'a dit quand tu n'étais pas là

　　Voici des fleurs pour couronner ta tête

　　Un doux baiser pour consoler ton cœur

　　Petit papa, petit papa

　　　　パパ、

　　　　今日はあなたの誕生日

　　　　ママがそういったの、あなたが留守のときに

　　　　ほら、お花が幾輪も、あなたの頭を飾るために

　　　　甘いキスもひとつ、あなたの心を癒すために

　　　　パパ、パパ

18. *J'aime papa, j'aime maman*
パパが好き、ママが好き

1. J'aime papa, j'aime maman

   J'aime mon p'tit chat, mon p'tit chien, mon p'tit frère

   J'aime papa, j'aime maman

   J'aime ma grand-mère et mon gros éléphant

   > パパが好き、ママが好き
   >
   > 子猫も、子犬も、弟も好き
   >
   > パパが好き、ママが好き
   > お祖母さんと大きなゾウさんが好き

2. J'aime papa, j'aime maman

   J'aime mon p'tit chat, mon p'tit chien, ma p'tite sœur

   J'aime papa, j'aime maman

   J'aime mon grand-père et mon gros éléphant

   > パパが好き、ママが好き
   >
   > 子猫も、子犬も、妹も好き
   >
   > パパが好き、ママが好き
   > お祖父さんと大きなゾウさんが好き

3. J'aime papa, j'aime maman

   J'aime mon p'tit chat, mon p'tit chien, ma grande sœur

   J'aime papa, j'aime maman

   J'aime mes cousines et tous mes cousins

   > パパが好き、ママが好き
   >
   > 子猫も、子犬も、姉も好き

> パパが好き、ママが好き
>
> 女のいとこたちと、男のいとこたち全部が好き
>
> 4. J'aime papa, j'aime maman
>
> J'aime mon neveu et ma nièce et ma tante
>
> J'aime papa, j'aime maman
>
> J'aime mon oncle, et tout le monde
>
> > パパが好き、ママが好き
> >
> > 甥と姪とおばさんが好き
> >
> > パパが好き、ママが好き
> >
> > おじさんが好き、そしてみんなが好き

〔資料⑯ *Chansons françaises et francophones en cours de FLE*〕

歌詞1番だけを繰り返しうたうこともあるようだ。作詞作曲、年代不詳。繰り返される歌詞《パパが好き、ママが好き》から、母の日や父の日にうたわれることがあるかもしれない。

しかし、ほんとうのところ、この歌をうたうのに、特別な祝日は必要ない。だれかに自分の愛を伝える最上のあり方は、いつだっていいわけだから。

おとなが幼い子どものためにうたうとき、この歌は、父や母、兄弟姉妹、そのほか周囲の親しい存在たちを、ことばによって身近に感じさせ、そして安心させる効果がある。

ヴァリアントもたくさんあるようだが、ひとつだけ挙げておこう。歌詞1番は同じだが、2番が意外だ。好きの反対の嫌いをうたっていて、子どもの心理に立ちかえれば、かえって正直で面白い。〔資料⑯〕

1. J'aime papa, j'aime maman

   J'aime mon p'tit chat, mon p'tit chien, mon p'tit frère

   J'aime papa, j'aime maman

   J'aime ma grand-mère et mon gros éléphant

   　　　パパが好き、ママが好き

   　　　子猫も、子犬も、弟も好き

   　　　パパが好き、ママが好き

   　　　お祖母さんと大きなゾウさんが好き

2. J'n'aime pas ma tante parce qu'elle n'est pas gentille,

   J'aime pas non plus mon cousin Nicolas

   Car l'autre jour il m'a volé mes billes

   Et m'a cassé mon grand sabre de bois

   Mais...

   J'aime papa, j'aime maman...

   　　　叔母さんが嫌い、だってやさしくないもの

   　　　いとこのニコラも嫌い

   　　　だってこのあいだ、ビー玉を盗られたし

   　　　木製の大きなサーベルをこわされたから

   　　　でも……

   　　　パパが好き、ママが好き ......

19. *Fais dodo*
おねんね

Fais dodo, Colas mon p'tit frère,

Fais dodo, t'auras du lolo.

おねんね、あたしの可愛い弟コラちゃん、

おねんねしたら、おっぱいもらえるよ。

Maman est en haut,

Qui fait du gâteau,

Papa est en bas,

Qui fait du chocolat.

ママは上の階で、

ケーキを作ってるよ、

パパは下の階で、

ココアを作ってるよ。

Fais dodo, Colas mon p'tit frère,

Fais dodo, t'auras du lolo.

おねんね、あたしの可愛い弟コラちゃん、

おねんねしたら、おっぱいもらえるよ。

〔資料⑬〕

作詞者は不詳だが、18 世紀説〔資料⑬〕と 19 世紀説〔資料③〕がある。ただ、18 世紀にシモン（Simon）が作曲したクリスマス・キャロルとリズムが一緒でメロディもほぼ同じだそうだ〔資料②〕。

　1人称を「あたし」と訳したが、文法的には「ぼく」であって
もおかしくない。しかし、手元にある童謡集の何種かの挿絵は、
みな女の子だ。YouTube の動画も、みな女の子だ。とすると、
フランス人には、小さな弟の子守をするのは姉という感覚が、自
然に働いているのかもしれない。ジャン＝クロード・クランも、
《この歌は姉か乳母にうたわれると決まっている》と記している
〔資料③〕。日本と同じ、親が子育てしやすい一姫二太郎のケース
だ。

　弟の Colas（コラ）は、Colin（コラン）のこともある。音節数
が一緒だから、うたうのに不都合はない。

　歌のなかで両親がしていることは、地方によりいろいろのよ
うだ。お母さんが凝乳（caillé）、──乳を凝固させたチーズの原
料、──を作っていたり、お父さんの作るのがヌガー（nougat）、
──砕いたアーモンドやクルミのはいった砂糖菓子、──だった
りと。コラちゃん、あるいはコランちゃんの年齢に応じ、理解で
きる単語でうたうのがコツだ。

　ところで、不思議なのはこの家の造り。お母さんが上の階でケ
ーキを作っていて、お父さんが下の階でココアをを作っていると
すると、あたしとコラちゃんがいるのは、そのあいだの2階？
……なら、この家は、3階建て？

　YouTube は、アニメの映像つきだ。3階建ての一軒家が描か
れているのをひとつみつけた。そして、1階部分ではお父さんが
台所で火にかけた鍋のなかをかき回しながらココアを作ってい
て、3階部分ではお母さんがやはり台所のテーブルの上でケーキ
を作っている。ベッドのなかのコラちゃんとコラちゃんをあやし
ているお姉ちゃんは2階部分という構図だ。

しかし、1階に台所があるのはふつうとしても、3階にもケーキを作れるような炊事場があるのだろうか？　もちろん、この歌ができた時代、18-19世紀頃の建物事情だけど……。少なくとも、1軒家禁止、すべてマンション形式の現代パリ住宅事情では、考えられない。地方にでも行かなくては……。

　この歌には、次のような歌詞2番がつく場合もある〔資料⑬〕。

Fais dodo, Colas mon p'tit frère,

Fais dodo, t'auras du lolo.

　　　おねんね、あたしの可愛い弟コラちゃん、

　　　おねんねしたら、おっぱいもらえるよ。

Si tu fais dodo,

Maman vient bientôt,

Si tu ne dors pas,

Papa s'en ira.

　　　おねんねすれば、

　　　ママがもうすぐ来るよ、

　　　おねんねしないなら、

　　　パパは行っちゃうよ。

Fais dodo, Colas mon p'tit frère,

Fais dodo, t'auras du lolo.

　　　おねんね、あたしの可愛い弟コラちゃん、

　　　おねんねしたら、おっぱいもらえるよ。

20. *À la claire fontaine*
澄んだ泉に

1. À la claire fontaine

   M'en allant promener,

   J'ai trouvé l'eau si belle

   Que je m'y suis baignée.

   　　澄んだ泉に

   　　散歩にいったあたし、

   　　水がとても美しく思え

   　　泉のなかに身をひたした。

   ［Refrain］

   Il y a longtemps que je t'aime,

   Jamais je ne t'oublierai !

   　　　［ルフラン］

   　　　あなたを愛してずいぶんになるわ、

   　　　決してあなたのことを忘れやしない！

2. Sous les feuilles d'un chêne

   Je me suis fait sécher ;

   Sur la plus haute branche

   Le rossignol chantait.

   　　１本の樫の葉陰で

   　　あたしはからだを乾かした 。

   　　いちばん高い枝の上で

   　　ナイチンゲールがうたっていた。

3. Chante, rossignol, chante,

   Toi qui as le cœur gai,

   Tu as le cœur à rire…

   Moi, je l'ai à pleurer!

> うたってよ、ナイチンゲール、うたって、
>
> 陽気なおまえ、
>
> 笑いたくてしかたないのね……
>
> なのに、あたしは泣きたい気分！

4. J'ai perdu mon ami,

   Sans l'avoir mérité,

   Pour un bouquet de roses

   Que je lui refusai.

> あたし、恋人を失ったの、
>
> 捨てられる理由なんてなかったのに、
>
> バラの花束を
>
> あのひとにあげなかったせい。

5. Je voudrais que la rose

   Fût encore au rosier,

   Et que mon doux ami

   Fût encore à m'aimer.

> あたし望んでいるのよ、バラが
>
> まだバラの木に咲いていてくれますようにと、
>
> そしてあたしのやさしい恋人が
>
> まだあたしを愛していてくれますようにと。

〔資料⑦〕

　ピエール・ショメイユ版のもっとも子どもがうたいやすい歌詞を紹介した。大意はこうだ。

　若い娘がひとり、森のなかの澄んだ泉で、水浴びをした。濡れた体を樫の葉陰で乾かしていると、いちばん高い枝から、ナイチンゲールの陽気なさえずりが聞こえてきた。でも娘の心は悲しみでいっぱい、恋人のピエールに捨てられたから。バラの花束を贈らなかったせいだ。

　主人公は、若い娘だ。なぜ「バラの花束」を贈らなかったのか知らないが、その程度のことで振られたなんて、ちょっと首をかしげる。じつは、歌詞4番のかわりに、次のような歌詞でうたわれることのほうが多い〔資料⑬、Ⅱ-3、Ⅱ-6 他〕。

C'est pour mon ami Pierre,

Qui ne veut plus m'aimer,

Pour un bouton de rose

Que je lui refusai.

　　　それはあたしの恋人ピエールのせい、

　　　もうあたしを愛してはくれない、

　　　バラの蕾を

　　　あのひとにあげなかったせい。

　《バラの蕾を、あのひとにあげなかったせい》……？　なら、当然でしょう。聞いたひとのほぼ全員が、沈黙のうちに納得する。

　「バラの蕾」（bouton de rose）とは、じつは、隠語で「クリトリス」をさす〔『小学館ロベール仏和大辞典』〕。とすると、このセン

101

テンスは、《クリトリスを、あのひとにあげなかったせい》の意味を秘めていたことになる。秘めていたどころか、娘が本当に訴えたいことは、こちらだ。恋人ピエールに求められたのに、応じなかった。それが捨てられた理由だ。それなら、理解できる。

　子どももある程度の年齢になればわかる。だが、わかることと、平然とうたえるようになることは別だ。その中間の年齢層にいる子どもたちに配慮したのだろう、「バラの蕾」でなく、「バラの花束」にしたのは。子どもたちは、恥じらいなく、朗らかにうたいあげるだろう。

＊

　このシャンソンには様々なヴァージョンがあるが、主人公の男女が入れ替わっている場合もある。やはり、子どもへの影響を気遣っての後天的な配慮だろうか。「あたし」が、「ぼく」にかわるわけだから、全体の雰囲気も一変する。長くなるが、ジャン・エデル・ベルティエ版で、そっくり訳してみよう〔資料⑪〕。「バラの蕾」はでてこない。隠語としての意味を働かせようがないからだ。男女の入れ替えだけなのに、どうしようもない凡作になる。

1. À la claire fontaine
   M'en allant promener,
   J'ai trouvé l'eau si belle
   Que je m'y suis baigné.

   　　　澄んだ泉に
   　　　散歩にいったぼく、
   　　　水がとても美しく思え
   　　　泉のなかに身をひたした。

［Refrain］

Il y a longtemps que je t'aime

Jamais je ne t'oublierai.

> ［ルフラン］
>
> きみを愛してずいぶんになる
>
> 決してきみのことを忘れやしない。

2. Sous les feuilles d'un chêne

   Je me suis fait sécher

   Sur la plus haute branche

   Un rossignol chantait.

   > 1本の樫の葉陰で
   >
   > ぼくはからだを乾かした
   >
   > いちばん高い枝の上で
   >
   > 1羽のナイチンゲールがうたっていた。

3. Chante, rossignol, chante

   Toi qui as le cœur gai

   Tu as le cœur à rire

   Moi, je l'ai à pleurer.

   > うたえ、ナイチンゲール、うたえ
   >
   > 陽気なおまえよ
   >
   > 笑いたくてしかたないんだな
   >
   > なのに、ぼくは泣きたい気分。

4. J'ai perdu mon amie

   Sans l'avoir mérité

Pour un bouquet de roses

Que je lui refusai.

ぼくは、恋人を失くした

捨てられる理由なんてなかったのに

バラの花束を

あのひとにあげなかったせい。

5. Je voudrais que la rose

Fût encore au rosier

Et que ma douce amie

Fût encore à m'aimer.

ぼくは望んでいるんだ、バラが

まだバラの木に咲いていてくれるようにと

そしてぼくのやさしい恋人が

まだぼくを愛していてくれるようにと。

　主人公が「男性」なら、その恋人は「女性」だろう。だから、ピエールという男性固有名詞は使えなくなる。たんに Mon amie（ぼくの恋人）とか、ma douce amie（ぼくのやさしい恋人）といった表現のままでとどまり、具体的な人物像が消えてしまう。

＊

　驚くべきヴァージョンがある。シモーヌ・シャルパントロ版だ。1人称の主人公は「女性」で、ピエール・ショメイユ版と前半歌詞3番相当までは同じ。歌詞4番相当以降を引いてみよう。

C'est de mon ami Pierre

Qui ne veut plus m'aimer.

Pour un bouton de rose

Que trop tôt j'ai donné.

　　それはあたしの恋人ピエールのせい

　　もうあたしを愛してはくれない。

　　バラの蕾を

　　あまりにもはやくあげたせい。

Je voudrais que la rose

Fût encore au rosier

Et que mon ami Pierre

Fût encore à m'aimer.

　　あたし望んでいるのよ、バラの花が

　　まだバラの木に咲いていてくれますようにと。

　　そしてあたしのいとしいピエールが

　　まだあたしを愛していてくれますようにと。

　ショメイユ版とシャルパントロ版の大きな違いは、前者の《バラの蕾を／あのひとにあげなかったせい》となっている部分が、後者ではまったく正反対の《バラの蕾を／あまりにもはやくあげたせい》になっていることだ。前者では処女性を守ったことが仇になったのにひきかえ、後者では、早々に深い関係になることを許したために飽きられてしまったという、正真正銘おとなの世界の赤裸々な話。男女の仲は五分五分だ。とすれば、嘆く女性が負けなのだ。

＊

　このシャンソンは、作詞作曲不詳。マルタン・ペネは、17世紀頃の作だという〔資料⑬〕。もともとフランスのトゥーレーヌ

105

地方に伝わっていたロンド（輪舞）だそうだ。伝承シャンソンは、一般に、タンブル（timbre）方式で、それ以前からの古いメロディに、あとから歌詞をつける。カナダの民族音楽学者マリュス・バルボ（Marius Barbeau, 1883-1969）によれば、作曲者は15〜16世紀頃のジョングルール（旅芸人）だろうというが〔資料⑮〕、確証はない。

　歌詞が最初に活字になったのは、パリの音楽出版者クリストフ・バラール（Christophe Ballard, 1641-1715）が、1704年に出版した選集『褐色の髪の娘たち、すなわち優しい小曲集』（*Brunettes ou Petits airs tendres*）のなかの1曲としてで、現在知られる歌詞と似ているが、異なる部分もある〔資料②〕。

　同じ17世紀頃、歌詞は同根としか思われないシャンソン『結婚式から戻る途中で』（*En revenant des noces*）も存在したが、旋律はまったく別物。ジャン＝クロード・クランによれば、17世紀半ば頃の作曲で、18〜19世紀には、結婚式のダンスのお勧め曲だったが、1870年代に『澄んだ泉に』に人気がとってかわられたという〔資料③〕。一説に、500以上のヴァリアントがあるといわれている。それだけよく知られ愛されてきたということだろう。

＊

　ところで、いまフランスで広くうたわれている『澄んだ泉に』は、いったん18世紀にカナダに伝えられ、それが、19世紀にフランスに逆輸入されてきたカナダ産シャンソンが元だという。これには事情がある。

　フランスの北アメリカ入植は、1534年に、サン＝マロ（Saint-Malo）の探検家ジャック・カルティエ（Jacques Cartier）が、――実態は海賊、――シャルール（Chaleur）湾を出航し、フランスの

106

名において「カナダ」領有を宣言したときに始まる。カルティエは、サン゠ローラン（セント゠ロレンス）川を、現在のケベック、モンレアル（モントリオール）あたりまで遡上した。この時期以降のフランスの北アメリカ植民地時代を「ヌーヴェル゠フランス」（Nouvelle-France）と呼ぶが、1763年のパリ条約で、イギリス（グレイト・ブリテン王国）に移譲した。その間に、シャンソン『澄んだ泉に』はフランス兵たちの荷とともに「ヌーヴェル゠フランス」に伝わった。18世紀初めのことだろう〔資料⑮〕。

その後、アングロ・サクソン人（通称イギリス人）の支配が強烈になり、1837-38年の覇権争いで、愛国的なフランス系カナダ人が、『澄んだ泉に』を戦いの賛歌として行軍の際の行進曲に使用したという。それゆえ、1世紀後の1956年、カナダの音楽学者たちはこぞってこう書いたそうだ、《フランス系カナダで、『澄んだ泉に』をうたうこと、それはほとんど旧フランスの軍旗を掲げることに等しい》〔資料③〕と。

また、フランスのブレスト生まれの作家ルイ・エモン（Louis Hémon, 1880-1913）の悲恋小説、ケベック州ペリボンカを舞台にした『マリア・シャプドゥレーヌ（邦題『白き処女地』）』（*Maria Chapdelaine*）には、マリアのお父さんが、「『澄んだ泉に』？　ああ！　それは素晴らしい！　みなでいっしょにうたおう」という場面があるが、ジャン゠クロード・クランは、わざわざ『澄んだ泉に』の項のエピグラフに掲げている〔資料③〕。

21. *Cadet Rousselle*
兵卒ルセル

1. Cadet Rousselle a trois maisons (*bis*)

   Qui n'ont ni poutres, ni chevrons, (*bis*)

   C'est pour loger les hirondelles!

   Que direz-vous de Cadet Rousselle ?

   > 兵卒ルセルには家が3軒あるとさ
   > 梁<small>はり</small>も垂木<small>たるき</small>もないけど、
   > それはツバメを住まわせるため！
   > 兵卒ルセルを、どう思う？

   > [Refrain]
   > Ah ! ah ! ah ! mais vraiment,
   > Cadet Rousselle est bon enfant.

   >> ［ルフラン］
   >> ああ！ ああ！ ああ！ まったくもって、
   >> 兵卒ルセルはひとがいい。

2. Cadet Rousselle a trois habits, (*bis*)

   Deux jaunes, l'autre en papier gris: (*bis*)

   Il met celui-là quand il gèle,

   Ou quand il pleut et quand il grêle.

   > 兵卒ルセルには服が3着あるとさ、
   > 2着は黄色で、1着は灰色紙でできた服。
   > 灰色紙でできた服を着るのは、冷え込むか、
   > 雨か、あられが降っているときさ。

3. Cadet Rousselle a trois chapeaux, (*bis*)

   Les deux ronds ne sont pas très beaux. (*bis*)

   Et le troisième est à deux cornes,

   De sa tête il a pris la forme.

> 兵卒ルセルには帽子が3つあるとさ、
>
> 2つは山高帽で、それほど上等じゃない。
>
> 3つ目は二角帽で、
>
> ルセルの頭の形にぴったりだった。

4. Cadet Rousselle a trois beaux yeux: (*bis*)

   L'un regarde à Caen, l'autre à Bayeux; (*bis*)

   Comme il n'a pas la vue bien nette,

   Le troisième, c'est sa lorgnette.

> 兵卒ルセルには、美しい目が3つあるとさ、
>
> 1つはカンの方を、もう1つはバイユーの方を見てる。
>
> はっきり見えるわけではないので、
>
> 3つめの目、それがルセルの小型双眼鏡だ。

5. Cadet Rousselle a une épée, (*bis*)

   Très longue, mais toute rouillée ： (*bis*)

   On dit qu'elle est encore pucelle,

   C'est pour faire peur aux hirondelles.

> 兵卒ルセルは剣を一振りもっているとさ、
>
> すこぶる長剣だが、うんと錆びついている。
>
> まだ使ったことがないそうだ、
>
> つばめを脅すためのものだから。

6. Cadet Rousselle a trois souliers: (*bis*)

Il en met deux à ses deux pieds ; (*bis*)

Le troisième n'a pas de semelle,

Il s'en sert pour chausser sa belle.

　　　　兵卒ルセルには靴が３個あるとさ、

　　　　そのうちの２個を左右の足に履いている。

　　　　３個目の靴には靴底がない、

　　　　愛人に靴を履かせるのにその靴底を使ってる。

7. Cadet Rousselle a trois cheveux, (*bis*)

Deux pour la face, un pour la queue, (*bis*)

Et quand il va voir sa maîtresse,

Il les met tous les trois en tresse.

　　　　兵卒ルセルの髪の毛は３本だとさ、

　　　　前髪が２本、後ろ髪が１本で、

　　　　愛人に会いに行くときには、

　　　　３本合わせて三つ編みにする。

8. Cadet Rousselle a trois garçons, (*bis*)

L'un est voleur, l'autre est fripon; (*bis*)

Le troisième est un peu ficelle,

Il ressemble à Cadet Rousselle.

　　　　兵卒ルセルには息子が３人いるとさ、

　　　　ひとりは盗人、もうひとりは詐欺師、

　　　　３人目はちょっと狡猾なところが、

　　　　兵卒ルセル似だ。

9. Cadet Rousselle a trois gros chiens: (*bis*)

L'un court au lièvre, l'autre au lapin; (*bis*)

Le troisième s'enfuit quand on l'appelle,

Comme le chien de Jean de Nivelle.

　　　　兵卒ルセルには大きなイヌが3匹いるとさ、

　　　　1匹は野ウサギを、もう1匹は飼いウサギを追いかける。

　　　　3匹目は名前を呼ばれると逃げていく、

　　　　ジャン・ドゥ・ニヴェルのイヌみたいだ。

10. Cadet Rousselle a trois beaux chats, (*bis*)

Qui n'attrapent jamais les rats; (*bis*)

Le troisième n'a pas de prunelle,

Il monte au grenier sans chandelle.

　　　　兵卒ルセルにはきれいなネコが3匹いるとさ、

　　　　どいつも決してネズミを捕まえない。

　　　　3匹目には瞳がないので、

　　　　ロウソクなしで屋根裏に上がる。

11. Cadet Rousselle a marié (*bis*)

Ses trois filles dans trois quartiers; (*bis*)

Les deux premières ne sont pas belles,

La troisième n'a pas de cervelle.

　　　　兵卒ルセルは結婚させたとさ

　　　　3人の娘を、3つの地区に。

　　　　上ふたりは不美人で、

　　　　末娘は頭がからっぽ。

12. Cadet Rousselle a trois deniers, (*bis*)

C'est pour payer ses créanciers; (*bis*)

Quand il a montré ses ressources,

Il les remet dans sa bourse.

> 兵卒ルセルの手元にはドゥニエ貨幣が3枚だとさ、
> それは借金取りに払うため。
> 手持ちのお金を見せたあとは、
> 財布のなかに入れ直す。

13. Cadet Rousselle ne mourra pas, (*bis*)

Car avant de sauter le pas, (*bis*)

On dit qu'il apprend l'orthographe

Pour faire lui-même son épitaphe.

> 兵卒ルセルは死なないだろうさ、
> なぜって、死ぬ前に、
> 字の綴りを学んで
> 自分で墓碑銘を書くそうだから。

〔資料①⑬参照〕

　全編とおして、荒唐無稽。なのに、主人公ルセルのどこか気の
いい、お人よしぶり、おとぼけぶりが可愛い。可愛いといって
も、ろくでもない息子が3人に、嫁がせた娘が3人もいるのだか
ら、60歳前後（？）の立派なオッサンだ。ツバメのために梁（はり）も
垂木（たるき）もない家を用意、有り金は借金取りへの見せ金3ドゥニエの
み、飼っているイヌとネコは3匹ずつだが、数合わせのような
3人ずつの息子・娘たち同様、およそこの世で本領発揮している

とはいいがたい。笑わせられるのは、最後の歌詞13番。死ぬ前
に自筆で墓碑銘が刻めるように、綴り字の勉強を始めるとか。平
素どおりの怠惰でいれば、永久に死なずに済む算段か？……。と
すれば、究極のオチだ！

　現在では、若干、放送コードに引っかかることばや表現がなき
にしもあらずだが、奇矯で愉快な歌詞によく呼応した軽やかでリ
ズミカルな節^{ふし}が人気の根源だろう。

　特に、各クープレ（歌詞）ごとに繰り返されるルフラン《Ah!
ah! ah! mais vraiment, ／ Cadet Rousselle est bon enfant》（ああ！
ああ！　ああ！　まったくもって／兵卒ルセルはひとがいい）は、声に
だしてうたいさえすれば、どんなに落ち込んでいても能天気な気
分になる。《Ah! ah! ah! oui vraiment》となっていたり、《Ha! ha!
ha! mais vraiment》となっていたりすることもある。間投詞《Ah!
ah! ah!》は、多分、皮肉をこめての「ああ！　ああ！　ああ！」、
《Ha! ha! ha!》は、笑い声で「はっ！　はっ！　はっ！」だ。mais
も oui も、ここでは vraiment を強調しているだけで、いっしょ。

＊

　レイモン・ルフェーヴル（Raymond Lefèvre）とそのオーケスト
ラの来日演奏で、オープニング曲として演奏されたようだ（1974、
1987年）。前者は実録レコードもでているが、ともに YouTube で
確認できる。そうとうアレンジされているけれど。

＊

　ところで、タイトル *Cadet Rousselle*（カデ・ルセル）の「カデ」
（Cadet）だが、もちろん、姓名の「名」ではない。「カデ」という
名（プレノン）のフランス人はいないから。ときに「弟ルセル」と
訳されたり〔福井芳男著『フランス語で歌いましょう』第三書房〕、
「末っ子ルセル」と紹介されたりしている〔資料⑯〕。

「カデ」Cadet が、もともと長男より後に生まれた直系卑属の男子なら、続柄が何番目であれ、そう呼んでいいからだ。

そして、長子相続の時代、兵士で一旗揚げようと命を懸けるのは、ふつうは次男以下だった。だから、「兵卒ルセル」の実態は、おおむね次男から末男までの男子だっただろう。そう考えれば、「弟ルセル」も「次男ルセル」も「末っ子ルセル」も、ある意味、訳語としては間違っていないともいえる。しかし、ここでは誤解を生まないよう、「兵卒ルセル」としておこう。

作詞は、諸説ある。まだひじょうに不安定だった第 1 共和政（1792. 9. 21-1804. 5. 18）防衛のため、1792 年に、フランス連隊は現在のベルギー中部にあたるブラバン（ブラバント）地方に出征した。そのときの連隊兵のひとりの作というのが、ピエール・ショメイユ説〔資料⑦〕。ジャン゠クロード・クランは、同じ状況で、もう少し説明的に、志願兵たちのひとりの荷物とともに、パリにもたらされたとする〔資料③〕。ショメイユもクランも、その時点での作詞者名を明らかにしていないが、そうすると、名もなき一兵卒の作品ということなのか？

フランスの詩人ガスパール・ドゥ・シュニュ（Gaspard de Chenu）作詞（1792 年）説もあるが〔資料⑮〕、根拠が示されていないので、この人物がショメイユやクランの指摘する兵卒と同一人物かどうかはわからない。わからないが、それはいい。歌の旨味を享受するのにまったく困らないから。

Cadet Rousselle、つまり「兵卒ルセル」の Rouselle は、ピエール・サカによれば、《roux/rousse》（赤毛の［ひと］）から派生した造語で、姓が「赤毛男」（un rouquin）、つまりは主人公の髪は赤い、ということを表象しているという。赤毛は、英国ほど

ひどくはなくても、──コナン・ドイル作〈シャーロック・ホームズ〉シリーズの『赤毛同盟』を思いだそう、──フランスでも、いじめ、差別の対象だ。ジュール・ルナールの『にんじん』（*Poil de carotte*）がすぐにも脳裡に浮かぶ。ちなみに、おなじ発音の「ルセル」でも、クラシック音楽の作曲家アルベール・ルセル（Albert Roussel, 1869-1937）とは、綴り字の語尾が違う。手元にある固有名詞の発音辞典 *Dictionnaire de la prononciation*〔Larousse, Paris, 1980〕にも Roussel はあるが、Rousselle はない。

だが、当時の兵士たちは、歌中の Cadet Rousselle「カデ・ルセル」＝「兵卒赤毛男」の不運に、おそらく自分たちの不遇を重ねたのだろう。「カデ・ルセル」というあだ名（sobriquet）で、自嘲したのだ。

ピエール・サカは、このシャンソン《『兵卒ルセル』の生みの親は、フランス革命の兵士たちだ》という。『ラ・マルセイエーズ』（*La Marseillaise*）が当時の義勇兵たちを鼓舞したように、『兵卒ルセル』の曲の軽快さと、その風変わりな、それでいてほろりとさせる人物像は、兵士たちの日常的な耐乏生活の気を紛らせたのだ、と〔資料⑩〕。

現在まで伝承されてきた歌詞は、1793年、ヴォードヴィル作家ジョゼフ・オード（Joseph Aude）が、自作『床屋、カデ・ルセル』（*Cadet Rousselle, barbier*）で使用した歌詞が元だそうで、その全歌詞（全部で17番まで）はマルタン・ペネが掲載しているが〔資料⑬〕、ここには、アンリ・ダヴァンソン（Henri Davenson）が収集した歌詞13番までのものを紹介した。

ジャン＝クロード・クランによれば、旋律は、1780年代から1790年代にかけて流行ったコントルダンスから借用したもの

で、その記譜は、すでに 1717 年出版の『シャンソニエたちの秘訣』(*La clef des chansonniers*) に見られるという。この節は、すぐさまヴォードヴィルと結びつき、風変わりな人物カデ・ルセルが、この呼称のままで、床屋や、雄弁術教師等々、様々に扮装し、繰り返し登場したらしい。そして、カデ・ルセルの気まぐれな人物像は、執政政府時代 (1799-1804) から帝政時代 (1804-1814 及び 1815) の 1801 年から 1809 年にかけて、大いに人気を博した。それは男優ブリュネ (Brunet) 演じるカデ・ルセルを主人公とした、一連の芝居の成功によるという。〔資料③〕

さらに、このシャンソンは、ナポレオン 1 世が没落し、ルイ 18 世による王政が復古した際に生起した 1815 年末の「白色テロ」(la Terreur Blanche)、——ボナパルティストや旧共和派が王政に抗して起こした反乱、——の間じゅう、プロヴァンスの王党派たちによって、結集するときの合図にうたわれたという。

それが、19 世紀も半ば、第 2 帝政期を迎える頃になると、このシャンソンは子ども用の歌集に姿を現すようになり、やがて学校教育のレパートリーにはいった。子どもたちは、矛盾と偏見の混じったこの歌を、ただただ無邪気にうたい、長ずるにつれ、歌詞に含まれた人間の毒、——大人の毒、——を学ぶことになる。

*

さて、歌詞 2 番の papier gris だが、『小学館ロベール仏和大辞典』には、「灰色紙：未晒ぼろで作った紙、荷造り用紙」という訳がのっている。「未晒」というのは、糸や布が脱色や染色加工をほどこされていない状態をさす。それゆえ、papier gris とは、まだ晒されていないぼろでできた紙のことをいい、繊維が比較的長く破れにくい特徴があることから、現在なら、紙袋や封筒、紙コップ等が作られている。

このシャンソンでは、《……着るのは、冷え込むか、雨か、あられが降っているときさ》とうたっているから、未晒灰色紙の強度を生かし、レインコートがわりの防水・防寒用の服を仕立て、着用したのだろう。

ファッションに詳しい大阪府立大学教授村田京子氏は、*Dictionnaire du costume* 〔『西洋服飾史辞典』臨川書店、1992 年〕の papier の項に、次のような説明をみつけてくれた。

Le papier a souvent servi dans le vêtement, pour rembourrer les manches ou la taille. On fait aussi des combinaisons en papier ou des sous-vêtements pour les aviateurs, le papier protégeant du froid.

紙はしばしば衣服に使用され、袖や胴に詰め込まれた。飛行士が着る紙製のつなぎ（コンビネゾン）あるいは下着も作られている、紙が寒さを防ぐので。

ちなみに、日本にも、古来、「紙子」「紙衣」と呼ばれる《厚紙に柿渋を引き、乾かしたものを揉みやわらげ、露にさらして渋の臭みを去ってつくった保温用の衣服》がある。《もとは律宗の僧が用いたが》、和紙ゆえに、通気性がよく、吸湿性が高く、軽くて着心地がいいということで、後には武士や町人の衣服としても使われ、《元禄（1688-1704）の頃には遊里などでも流行した》という〔『広辞苑』岩波書店〕。防寒だけでなく、高温多湿対策としても有効で、現在でも、僧衣や、ごく一部のひとの羽織や胴着に利用されているそうだ。

歌詞 7 番の《兵卒ルセルの髪の毛は 3 本だとさ》には、一瞬

ギクッとする。「エッ、ホント？」、藤子不二雄の漫画「オバケのＱ太郎」、──毛が３本、──と同じじゃないか。とはいえ、YouTube のいくつかのアニメ映像でも、いくつかの童謡集の挿絵でも、ルセルは帽子を被ってはいるが、ふさふさした髪の毛が描かれている。もちろん、その場合、７番に相当する歌詞は歌から省かれているが……。

しかし、その YouTube の動画のなかのひとつに、ツルッパゲで、額の生え際の１ヵ所に残った細くてながぁ～い３本の髪の毛を、まるで線香の煙のように空中でゆらゆらさせながら体を揺すり、やたら元気にこの歌をうたっている、相当年配のルセル爺さんを発見した。帽子は被っているが、丸見えの後頭部でわかる、ルセルさんは禿げだと。しかし作詞では、《前髪が２本、（シッポのような）後ろ髪が１本》と書いてあるのに、動画では３本とも前頭部に存在する。そうでないと、三つ編みに結えないだろうとの配慮からか？　もとより全篇荒唐無稽な話だから、合理的な配慮は不必要だったろうに。

歌詞９番の《３匹目は名前を呼ばれると逃げていく／ジャン・ドゥ・ニヴェルのイヌみたいだ》だが、じつは、シャンソン『兵卒ルセル』は、16 世紀初めの『ふたりの靴直し屋の笑劇』（*Farce des deux Savetiers*）のなかでうたわれた「ジャン・ドゥ・ニヴェルの歌」（*la Chanson de Jean de Nivelle*）の、いってよければ替え歌だ。アンリ・ダヴァンソンがあげる歌詞２節をひいておこう〔資料①〕。

Jean de Nivelle a trois enfants:

L'un est sans nez, l'autre sans dents,

Et le troisième sans cervelle;

C'est bien dur pour Jean de Nivelle.

> ジャン・ドゥ・ニヴェルには子どもが3人いる。
>
> ひとりには鼻がなく、もうひとりには歯がない、
>
> そして3人目は頭が空っぽ。
>
> ジャン・ドゥ・ニヴェルにとっちゃ、とても辛い。

Jean de Nivelle n'a qu'un chien:

Il en vaut trois, on le sait bien,

Mais il s'enfuit quand on l'appelle.

Connaissez-vous Jean de Nivelle?

> ジャン・ドゥ・ニヴェルにはイヌが1匹しかいない。
>
> よく知られていることだが、1匹で3匹に匹敵する、
>
> しかし名前を呼ばれると、逃げだすんだ。
>
> 知ってるかい、ジャン・ドゥ・ニヴェルを？

　このジャン・ドゥ・ニヴェル（1422-77）は実在で、ブラバン（ブラバント）地方の貴族モンモランシーのジャン2世（Jean II de Montmorency）の長男だという〔資料⑮〕。フランス王ルイ11世が、ブルゴーニュのシャルル勇猛公（Charles le Téméraire, duc de Bourgogne）と戦うための同盟を求めていた時期に重なり、父親は息子にルイ11世側での出陣を要請したが、臆病な息子は拒否した。父は怒って、息子の相続権を奪い、イヌ扱いしたという。

　実際、「イヌ」（chien）というフランス語は、ののしり・罵倒表現でも使われ、《fils de chien（イヌの息子）、nom d'un chien（イヌの名前）》といえば、「こん畜生」のことだ。

　このエピソードから、《être comme ce chien de Jean de Nivelle》

（ジャン・ドゥ・ニヴェルのイヌみたいだ）の表現が生まれ、シャンソンのなかで、《Il ressemble au chien de Jean de Nivelle ／ Qui s'enfuit quand on l'appelle 》（あいつはジャン・ドゥ・ニヴェルのイヌに似ている／呼ばれたら逃げるから）のようにうたわれるようになった。

　歌詞 13 番 2 行目《Car avant de sauter le pas》は、直訳すれば「なぜって、敷居を跳び越す前に」だが、それは、いうまでもなく生と死の境界を越える前に、つまり「……死ぬ前に」の意味だ。

＊

　カデ・ルセル実在説もある〔資料⑮〕。本名はギヨーム・ジョゼフ・ルセル（Guillaume Josephe Rousselle）といい、1743 年 4 月 30 日にジュラ地方のオルジュレ（Orgelet）で生まれ、1807 年 1 月 28 日にブルゴーニュ地方の美しい町オーセール（Auxerre）で亡くなったとされる。ピエール・パンソ（Pierre Pinsseau）が、1945 年に出版した自著のなかで書いているそうだ。オーセールに移ってきたのが1763 年、召使、従僕、ついで法廷の執行吏になり、その収入で、1780 年には小さな不格好な家を 1 軒購入し住みつき、変人だったが、住民には好かれていたという。

　しかしこの人物の略歴とシャンソンの歌詞に見る主人公「兵卒ルセル」のあいだに、いかなる照応関係があるのか、一切不明。歌詞どおり、またはそれに近いとなると、よほどの問題人物で、《好かれた》とは信じがたい。ピエール・パンソは、末尾が -le ではなく、-lle で終わる Rousselle 姓のギヨーム・ジョゼフ・ルセルを資料でみつけて、強引に結びつけたような気がしないでもない。

　蛇足だが、この歌の旋律は編曲されて、ロシアの作曲家チャイコフスキー（1840-93）のバレエ音楽『くるみ割り人形』第2幕第12曲「ディヴェルティスマン」のなかの「メール・ジゴーニュとポリシネルたち」の踊りで使用されているし、──ここでは、フランスの伝承歌謡『ジロフレ、ジロフラ』（*Giroflé, Girofla*）、『兵卒ルセル』（*Cadet Rouselle*）、『よいご旅行を、デュモレさん』（*Bon voyage, Monsieur Dumollet*）の3曲が順次登場、──また1954年には、アンドレ・ユヌベル監督（André Hunebelle, 1896-1985）のコメディ映画、そのタイトルも *Cadet Rousselle*（邦題は『見習い士官ルッセル』）が制作され、フランソワ・ペリエ（François Périer, 1919-2002）がルッセル（ルセル）役を演じたとのことだ。

〔資料Ⅱ-2〕

22. *En passant par la Lorraine*
　　ロレーヌを通るとき

1. En passant par la Lorraine

   Avec mes sabots　　　　　　　　　}　(*bis*)

   Rencontrai trois capitaines

   Avec mes sabots dondaine

   Oh! oh! oh! avec mes sabots

   　　　ロレーヌを通るとき

   　　　あたしの木靴を履いて

   　　　３人の大尉にであったの

   　　　あたしの木靴を履いて、ドンデーヌ

   　　　おお！ おお！ おお！ あたしの木靴を履いて

2. Rencontrai trois capitaines

   Avec mes sabots　　　　　　　　　}　(*bis*)

   Ils m'ont appelée vilaine

   Avec mes sabots dondaine

   Oh! oh! oh! avec mes sabots

   　　　３人の大尉にであったの

   　　　あたしの木靴を履いて

   　　　あたし、百姓女って呼ばれたわ

   　　　あたしの木靴を履いて、ドンデーヌ

   　　　おお！ おお！ おお！ あたしの木靴を履いて

3. Ils m'ont appelée vilaine

   Avec mes sabots　　　　　　　　　}　(*bis*)

Je ne suis pas si vilaine

Avec mes sabots dondaine

Oh! oh! oh! avec mes sabots

あたし、百姓女って呼ばれたわ

あたしの木靴を履いて

あたしそれほど粗野じゃないわ

あたしの木靴を履いて、ドンデーヌ

おお！ おお！ おお！ あたしの木靴を履いて

4. Je ne suis pas si vilaine

Avec mes sabots } (bis)

Puisque le fils du roi m'aime

Avec mes sabots dondaine

Oh! oh! oh! avec mes sabots

あたしそれほど粗野じゃないわ

あたしの木靴を履いて

だって王子さまが愛してくれるんだもの

あたしの木靴を履いて、ドンデーヌ

おお！ おお！ おお！ あたしの木靴を履いて

5. Puisque le fils du roi m'aime

Avec mes sabots } (bis)

Il m'a donné pour étrennes

Avec mes sabots dondaine

Oh! oh! oh! avec mes sabots

だって王子さまが愛してくれるんだもの

あたしの木靴を履いて

　　　　　王子さまはお年玉にくださったのよ
　　　　　あたしの木靴を履いて、ドンデーヌ
　　　　　おお！おお！おお！　あたしの木靴を履いて

6. Il m'a donné pour étrennes

　 Avec mes sabots 　　　　　　　　　} (*bis*)

　 Un bouquet de marjolaine

　 Avec mes sabots dondaine

　 Oh! oh! oh! avec mes sabots

　　　　　王子さまはお年玉にくださったのよ
　　　　　あたしの木靴を履いて
　　　　　マヨラナの花束を
　　　　　あたしの木靴を履いて、ドンデーヌ
　　　　　おお！おお！おお！あたしの木靴を履いて

7. Un bouquet de marjolaine

　 Avec mes sabots 　　　　　　　　　} (*bis*)

　 Je l'ai planté dans la plaine

　 Avec mes sabots dondaine

　 Oh! oh! oh! avec mes sabots

　　　　　マヨラナの花束を
　　　　　あたしの木靴を履いて
　　　　　あたし、マヨラナの花束を原っぱに植えたの
　　　　　あたしの木靴を履いて、ドンデーヌ
　　　　　おお！おお！おお！あたしの木靴を履いて

8. Je l'ai planté dans la plaine

　Avec mes sabots

　S'il fleurit je serai reine

　Avec mes sabots dondaine

　Oh! oh! oh! avec mes sabots

(bis)

　　　あたし、マヨラナの花束を原っぱに植えたの

　　　あたしの木靴を履いて

　　　もし花が咲いたら、あたしは女王さま

　　　あたしの木靴を履いて、ドンデーヌ

　　　おお！ おお！ おお！ あたしの木靴を履いて

9. S'il fleurit je serai reine

　Avec mes sabots

　S'il y meurt je perds ma peine

　Avec mes sabots dondaine

　Oh! oh! oh! avec mes sabots

(bis)

　　　もしも花が咲いたら、あたしは女王さま

　　　あたしの木靴を履いて

　　　もしも枯れたら、骨折り損

　　　あたしの木靴を履いて、ドンデーヌ

　　　おお！ おお！ おお！ あたしの木靴を履いて

〔資料⑬〕

　歌詞 6 番、7 番の《un bouquet de marjolaine》（一束のマヨラナ：香草）が、《un joli pied de verveine》（一株のクマツヅラ：煎じ薬・香料）になっているヴァリアントもあるが〔資料⑦〕、どちらも香り高い植物で、プレゼントに使われる。

歌詞2番、3番でうたわれる《Ils m'ont appelée vilaine》の名詞 vilaine は、「百姓女」のこと。歌詞3番、4番《Je ne suis pas si vilaine》の形容詞 vilaine は、「醜い、みっともない、粗野な」の意味。ここは、「野暮ったい木靴を履いたみっともない百姓娘」を連想すればいいだろう。ただし、通りすがりの3人の大尉の目から見ての話で、娘のほうは少しもめげていない。大尉なんて目じゃない、からかわれてもいっこう平気。王子さまに愛されているんだもの。プレゼントしてもらったマヨラナの花束を原っぱに植えて夢見るの、花が咲いたら女王さま……と。

　白馬の騎士を待ち望む乙女の姿は、いつの時代も同じ。「夢」が、貧しく過酷な現実に耐えさせてくれる。

　面白いのは、歌詞9番《もしも（花が）枯れたら、骨折り損》の1行だ。空想から我に返ったときの落胆に向き合うための、百姓娘の力強い現実主義を、そこに見る。

＊

　この『ロレーヌを通るとき』（*En passant par la Lorraine*）の元歌は、16世紀のブルターニュ起源『レンヌから戻る途中』（*En m'en revenant de Rennes*）で、多くのヴァージョンが作詞作曲され出版されたが、1561年にジャック・アルカデルト（Jacques Arcadelt）によって洗練されたメロディが、今日にまで伝わった。

　1885年、ジュリアン・ティエルソの指揮のもと、若手芸術家の協力を得て催された発表会のあと、この元歌は、レンヌがロレーヌに変えられ、現在の『ロレーヌを通るとき』の歌詞になった。当時の政治的背景に左右されたものだという〔資料③〕。

　その背景とは、こうだ。フランスは、第2帝政末期の1870年7月19日から第3共和政の1871年5月10日まで続いた普仏戦争（プロイセン＝フランス戦争）で大敗し、50億フランの巨額賠償

金を課せられた。そのうえ、フランス北東部ドイツ系住民居住地アルザス及びロレーヌ地方をプロイセンに割譲する羽目になった。自然地理的にいえば、ライン川をはさんで此岸はフランス、彼岸がドイツというのが妥当だろうが、古来、いくたびも争奪戦が繰り返された地だ。いままた、プロイセンに奪われた。フランス人の胸を去来するのは、悲嘆と復讐心だったろう。その心理を見透かすように、第3共和政政府は、公立小学校に愛国主義を暗示する音楽教育を望んでいたが、その意図を忖度した結果が、レンヌからロレーヌへの変更だった。

*

従って、ロレーヌという地名は、すぐさま1871年のロレーヌ割譲の屈辱を呼びさますだろう。それだけではない、遠くは木靴を履いたもうひとりの歴史上の「羊飼い娘」、ロレーヌ地方ドンレミ、——現在のドンレミ゠ラ゠ピュセル（Domrémy-la-Pucelle）、——生まれのジャンヌ・ダルク（Jeanne d'Arc, 1412頃-31）をも想起させるだろう。そのとき、Avec mes sabots（あたしの木靴を履いて）の句が、何度も軽快に繰り返されることで、「木靴の足音」が「軍靴の音」に重なっていく。単純な陽気な8分の6拍子の子どもの歌が、救国の軍隊行進曲に変貌したのだ。歴史上の特別な状況から地名変更されたこの作品を、いったいどう評価するべきなのだろうか？

〔資料Ⅱ-3〕

127

23. *Prom'nons-nous dans les bois*
   森を散歩しましょう

Tous [Refrain]
― Prom'nons-nous dans les bois

Pendant que le loup y est pas

Si le loup y était

Il nous mangerait,

Mais comm' il n'y est pas

Il nous mang'ra pas.

Loup y es-tu ?

Que fais-tu ?

Entends-tu ?

　　　　（みんな）［ルフラン］
　　　　森を散歩しましょう

　　　　オオカミがいないあいだに

　　　　もしオオカミがいれば

　　　　わたしたち、食べられるでしょうけど、

　　　　でも、いないので

　　　　食べられたりしない。

　　　　オオカミさん、あんたいるの？

　　　　なにしてるの？

　　　　ねえ、聞こえてる？

Le loup

1. ― Je mets ma chemise! [au refrain]

2. ― Je mets ma culotte! [au refrain]

3. ― Je mets ma veste! [au refrain]

4. ― Je mets mes chaussettes! [au refrain]

5. ― Je mets mes bottes! [au refrain]

6. ― Je mets mon chapeau! [au refrain]

7. ― Je mets mes lunettes! [au refrain]

8. ― Je prends mon fusil! j'arrive.

（オオカミ）

１．おれ、シャツを着てるところ！　　［ルフランに］

２．おれ、半ズボンをはいてるところ！［ルフランに］

３．おれ、上着を着てるところ！　　　［ルフランに］

４．おれ、靴下を履いてるところ！　　［ルフランに］

５．おれ、長靴を履いてるところ！　　［ルフランに］

６．おれ、帽子をかぶってるところ！　［ルフランに］

７．おれ、メガネをかけてるところ！　［ルフランに］

８．おれ、鉄砲を取ったぞ！　すぐ行くぜ。

Tous

― Sauvons-nous!

（みんな）

さあ、逃げましょう！

〔資料⑦〕

17世紀頃の作。４～６歳ぐらいの幼い子どもたちと大人ひとりによる、庭とか原っぱでの遊び歌・はやし歌。

まず、大人は茂みのうしろに隠れる。子どもたちは、庭なり原っぱなりで、この歌をうたいながら、オオカミの返答を待つ。歌の終わりになると、大人は隠れているところからとつぜん姿を現

し、子どもたちを奪いにくる。そして、子どもたちを捕まえ、食べるまねをするが、そこには、《抱きしめてキスの雨を降らす》という、二重の意味が隠されている（manger quelqu'un de baisers: ひとにキスの雨を降らせる／キスを浴びせる）。「オオカミ＝大人」に捕まった子どもたちは、キャッキャ大喜びするだろう。

　この歌の効果は、子どもをあやす大人の側からの視点に留まらない。子どもは、「オオカミ＝大人」の返事で、「オオカミ＝大人」のいる場所を知るが、そのうえで何度もオオカミに問いかけつづける。オオカミの出現を、1回で終わらせたくないからだ。遊びを、つまり、抱擁とキスのときを、できるだけ引きのばそうとする心理作戦だ。こうして、子どもは人生の早い時期に駆け引きを覚え、双方納得する落としどころを知るのだ。

　それとは別に、オオカミが子どもを食べるという生々しい表現からは、シャルル・ペローの『赤頭巾ちゃん』を思い起こすひともいるだろう。この原作では、赤頭巾ちゃんはほんとうに食べられてしまう、……そんな駆け引きの通じない世界もあることを知る、いい教訓だ。

〔資料⑦〕

24. *Il court, il court, le furet*
走る、走る、フェレットが

［Refrain］

Il court, il court, le furet

Le furet du bois, mesdames

Il court, il court, le furet

Le furet du bois joli.

［ルフラン］

走る、走る、フェレットが

森のフェレットが、ご婦人方

走る、走る、フェレットが

きれいな森のフェレットが。

1. Il a passé par ici

Le furet du bois, mesdames

Il a passé par ici

Le furet du bois joli.

こっちを通ったよ

森のフェレットが、ご婦人方

こっちを通ったよ

きれいな森のフェレットが。

2. Il repassera par là

Le furet du bois, mesdames

Devinez s'il est ici

Le furet du bois joli.

あっちを通るぞ
森のフェレットが、ご婦人方
ここにいるかどうか当ててごらん
きれいな森のフェレットが。

3. Le furet est bien caché

　Le furet du bois, mesdames

　Saurez-vous le retrouver ?

　Le furet du bois joli.

フェレットはちゃんと隠れてるよ
森のフェレットは、ご婦人方
見つけだすことできるかな？
きれいな森のフェレットを。

〔資料⑪〕

　18世紀の作。作詞作曲不詳。現在では、輪になってうたいな
がら遊ぶ、文字どおりの遊び歌（chanson-jeu）だ。
「フェレット」（フランス語「フュレ」〈furet〉）は、『ロワイヤル仏
和中辞典』〔旺文社〕によれば、ふつうは森にすむ、よく見かけ
る動物で、ケナガイタチの変種、ウサギ狩りに利用するそうだ。
また、「環探しゲーム」のゲーム名でもあり、そのゲームに用い
る「環」そのものをさす場合もある由。
　ひとりの鬼役が、ほかのものたちの作った円陣のなかにはい
る、あるいは、1列に並んだものたちの前に立つ。そして、残り
のみなは、1本の細紐を両手で握る。この紐にあらかじめ通して
おいた1個の環を、みなで歌をうたいながら、こっそり回して
いき、最後のルフランをうたい終えたときに、環がだれの手のな

かにあるかを鬼は当てねばならない。当たれば、環の当事者と、鬼役を交代する。

＊

この歌の最大の不思議は、——謎は、——《mesdames》（ご婦人方）という呼び掛けにある。気取らず訳せば、「みなさん」だろうが、そこに、男性《messieurs》（殿方）は含まれない。対象が女性に限定されている。そして、18 世紀に、《madame/mesdames》（マダム／メダム）と呼ばれたのは、高貴な身分の女性だけだった。とすれば、現在では子どもの歌として片づけられているこの歌が、そう単純とも思えなくなってきた。

＊

ルイ 15 世の摂政だったオルレアン公フィリップ時代に、国務大臣（後に外務大臣）として、摂政以上に権力をふるったのが、ギヨーム・デュボワ（Guillaume Dubois）なる神父（後の枢機卿）で、無類の女好きときていた。宮廷のご婦人方との道楽がすぎ、周囲の目にあまったのか、事態を揶揄して生まれたのがこの歌 *Il court, il court, le furet*（走る、走る、フェレットが）だという。何度も繰り返される《Il court, il court, le furet ／ le furet du bois, mesdames》は、じつは《Il fourre, il fourre, le curé ／ le curé Dubois, mesdames》をもじったものだそうだ〔資料⑮〕。これを、Contrepèterie（語音転換）といい、《文字・音節の置き換えにより、滑稽な効果をめざす語呂合わせの一種》である。ラブレーの例でいえば、《femme folle à la messe（ミサの狂信的な女）⇒ femme molle à la fesse（尻の柔らかい女）》といったたぐいをさす〔『ロワイヤル仏和中辞典』旺文社〕。

ところで、捩（もじ）りで使った他動詞《fourrer》は、ふつうには「〜

を…に突っこむ、押しこむ」の意味でしかないが、卑語・隠語としては「〜と性交する、セックスする」があるので、下品を承知で、《Il fourre, il fourre, le curé ／ le curé Dubois, mesdames》を訳せば、《やってる、やってる、神父さんは／デュボワ神父は、ご婦人連と》となる。このあからさまなイロニーなくして、歌詞に《mesdames》を追加する必然性はまったくなかった。嗚呼^{ああ}！

しかし、一応、くだんの神父・枢機卿を弁護すれば、この当時、ルイ 15 世の宮廷では、こうした男女関係はだれしものこと、珍しくはなかった。

子どもはまだまだ小さな大人といってもよかった時代に、純粋に人畜無害な子どもの歌など存在しない。すべて、大人の歌だ。歌詞に、二重の意味が込められていても不思議はない。

*

なお、歌詞 1 番の《Il a passé par ici》は、手元の複数の版ではすべて《Il est passé par ici》となっていたが、ここではフェレットの行為・出来事に焦点があるので、助動詞 avoir をとるベルティエ版に従った。ニュアンスを別にすれば、意味も音節数も同じ。

〔資料 II-6〕

25. *Le bon roi Dagobert*
ひとのよいダゴベール王

1. Le bon roi Dagobert
   Avait sa culotte à l'envers ;
   Le grand saint Éloi
   Lui dit : Ô mon roi !
   Votre Majesté
   Est mal culottée.
   C'est vrai, lui dit le roi,
   Je vais la remettre à l'endroit.

> ひとのよいダゴベール王が
> 半ズボンを裏返しにはいてなさる。
> 偉大な聖エロワが
> いうには、「おお、王様！
> 陛下は
> 半ズボンをちゃんとはいておられません」
> 王様が答えていうには、「ほんにそうじゃ、
> ちゃんとはきなおすといたそう」

2. Comme il la remettait,
   Un peu il se découvrait ;
   Le grand saint Éloi
   Lui dit : Ô mon roi !
   Vous avez la peau
   Plus noir' qu'un corbeau.
   Bah ! bah ! lui dit le roi,

La rein' l'a bien plus noir' que moi.

　　　王様が半ズボンをはきなおされたとき、
　　　脚が少し露わになった。
　　　偉大な聖エロワが
　　　いうには、「おお、王様！
　　　お肌の色が
　　　カラスよりもお黒うございます」
　　　王様が答えていうには、「それがなんじゃ！
　　　妃はわしよりもっと色黒じゃわい」

3. Le bon roi Dagobert

Fut mettre son bel habit vert ;

Le grand saint Éloi

Lui dit : Ô mon roi !

Votre habit paré

Au coude est percé.

C'est vrai, lui dit le roi,

Le tien est bon, prête-le moi.

　　　ひとのよいダゴベール王は
　　　きれいな緑色の衣裳をお召しになりに行かれた。
　　　偉大な聖エロワが
　　　いうには、「おお　王様！
　　　王様の美しいお召し物は
　　　肘のところに穴があいております」
　　　王様が答えていうには、「ほんにそうじゃ、
　　　おまえのきれいな服を貸してくれぬか」

4. Du bon roi Dagobert

   Les bas étaient rongés des vers ;

   Le grand saint Éloi

   Lui dit : Ô mon roi !

   Vos deux bas cadets

   Font voir vos mollets.

   C'est vrai, lui dit le roi,

   Les tiens sont neufs, donne-les-moi.

  ひとのよいダゴベール王の

  靴下が虫に喰われていた。

  偉大な聖エロワが

  いうには、「おお　王様！

  王様の少年用サイズの靴下は

  ふくらはぎが見えてしまいます」

  王様が答えていうには、「ほんにそうじゃ、

  おまえの靴下は新品じゃな、わしにくれぬか」

5. Le bon roi Dagobert

   Faisait peu sa barbe en hiver ;

   Le grand saint Éloi

   Lui dit : Ô mon roi !

   Il faut du savon

   Pour votre menton.

   C'est vrai, lui dit le roi,

   As-tu deux sous ? Prête-les-moi.

  ひとのよいダゴベール王は

  冬にはひげの手入れをほとんどなさらなかった。

偉大な聖エロワが
いうには、「おお、王様！
石鹸が必要でございますな
顎のひげをあたるのに」
王様が答えていうには、「ほんにそうじゃ、
おまえ金を少々もっているなら、貸してくれ」

6. Du bon roi Dagobert

La perruque était de travers ;

Le grand saint Éloi

Lui dit : Ô mon roi !

Que le perruquier

Vous a mal coiffé !

C'est vrai, lui dit le roi,

Je prends ta tignasse pour moi.

ひとのよいダゴベール王の
かつらがずれていた。
偉大な聖エロワが
いうには、「おお、王様！
かつら師が
ちゃんとかぶせておりませんぞ！」
王様が答えていうには、「ほんにそうじゃ、
おまえの見苦しいかつらを自分用にかぶろうかい」

7. Le bon roi Dagobert

Portait manteau court en hiver ;

Le grand saint Éloi

Lui dit : Ô mon roi !

Votre Majesté

Est bien écourtée.

C'est vrai, lui dit le roi,

Fais-le rallonger de deux doigts.

　　　　ひとのよいダゴベール王は

　　　　冬に短いマントをはおられた。

　　　　偉大な聖エロワが

　　　　いうには、「おお、王様！

　　　　陛下は、ずいぶん丈をつめておられる」

　　　　王様が答えていうには、「ほんにそうじゃ、

　　　　少々裾を継ぎ足させよう」

8. Du bon roi Dagobert

Le chapeau coiffait comme un cerf ;

Le grand saint Éloi

Lui dit : Ô mon roi !

La corne au milieu

Vous siérait bien mieux.

C'est vrai, lui dit le roi,

J'avais pris modèle sur toi.

　　　　ひとのよいダゴベール王の

　　　　かぶっている帽子が雄鹿のようだった。

　　　　偉大な聖エロワが

　　　　いうには、「おお、王様！

　　　　真ん中に角があれば

　　　　王様にもっとよくお似合いでしょうに」

王様が答えていうには、「ほんにそうじゃ、
わしはおまえを見習ったのじゃ」

9. Le roi faisait des vers

   Mais il les faisait de travers ;

   Le grand saint Éloi

   Lui dit : Ô mon roi !

   Laissez aux oisons

   Faire des chansons.

   Eh bien, lui dit le roi,

   C'est toi qui les feras pour moi.

王様が詩を書かれていた
がしかし間違いだらけの詩作だった。
偉大な聖エロワが
いうには、「おお、王様！
ガチョウのひなたちにお任せなされ
歌なんぞお作りになるのは」
王様が答えていうには、「では、
おまえがわしの代わりに作ってくれ」

10. Le bon roi Dagobert

    Chassait dans la plaine d'Anvers ;

    Le grand saint Éloi

    Lui dit : Ô mon roi !

    Votre Majesté

    Est bien essoufflée.

    C'est vrai, lui dit le roi,

Un lapin courait après moi.

> ひとのよいダゴベール王が
> アンヴェールの野で狩りをされた。
> 偉大な聖エロワが
> いうには、「おお、王様！
> 陛下は
> ずいぶん息を切らせておられますのう」
> 王様が答えていうには、「ほんにそうじゃ、
> 野ウサギめが 1 兎、わしを追いかけてきたのじゃ」

11. Le bon roi Dagobert

Allait à la chasse au pivert ;

Le grand saint Éloi

Lui dit : Ô mon roi !

La chasse aux coucous

Vaudrait mieux pour vous.

Eh bien, lui dit le roi,

Je vais tirer, prends garde à toi.

> ひとのよいダゴベール王が
> キツツキ狩りに行かれた。
> 偉大な聖エロワが
> いうには、「おお、王様！
> むしろカッコウ狩りのほうが
> 王様には、およろしいのでは」
> 王様が答えていうには、「では、
> 弓を射るぞ、おまえさん気をつけろよ」

12. Le bon roi Dagobert

Avait un grand sabre de fer ;

Le grand saint Éloi

Lui dit : Ô mon roi !

Votre Majesté

Pourrait se blesser.

C'est vrai, lui dit le roi,

Qu'on me donne un sabre de bois.

ひとのよいダゴベール王は

鉄の大刀をおもちだった。

偉大な聖エロワが

いうには、「おお、王様！

陛下が

ご自身を傷つけられるのでは」

王様が答えていうには、「ほんにそうじゃ、

木の刀をくれないものかのう」

13. Les chiens de Dagobert

Étaient de gale tout couverts ;

Le grand saint Éloi

Lui dit : Ô mon roi !

Pour les nettoyer

Faudrait les noyer.

Eh bien, lui dit le roi,

Va-t'en les noyer avec toi.

ダゴベールの犬たちは

全身疥癬だらけだった。

偉大な聖エロワが

いうには、「おお、王様！

犬たちを一掃するには

溺れさせる必要があるでしょう」

王様が答えていうには、「では、

犬と一緒におまえも溺れてこい」

14. Le bon roi Dagobert

Se battait à tort, à travers ;

Le grand saint Éloi

Lui dit : Ô mon roi !

Votre Majesté

Se fera tuer.

C'est vrai, lui dit le roi,

Mets-toi bien vite devant moi.

ひとのよいダゴベール王は

ハチャメチャな戦いをなさった。

偉大な聖エロワが

いうには、「おお、王様！

陛下は

殺されるおつもりですか」

王様が答えていうには、「ほんにそうじゃ、

おまえ、はようわしの前に立て」

15. Le bon roi Dagobert

Voulait conquérir l'univers ;

Le grand saint Éloi

Lui dit : Ô mon roi !

Voyager si loin

Donne du tintouin.

C'est vrai, lui dit le roi,

Il vaudrait mieux rester chez soi.

ひとのよいダゴベール王は

世界を征服したいと望まれた。

偉大な聖エロワが

いうには、「おお、王様！

そのような大遠征をなさるのは

厄介なことですぞ」

王様が答えていうには、「ほんにそうじゃ、

お城にじっとしておったほうがよいわ」

16. Le roi faisait la guerre

Mais il la faisait en hiver ;

Le grand saint Éloi

Lui dit : Ô mon roi !

Votre Majesté

Se fera geler.

C'est vrai, lui dit le roi,

Je m'en vais retourner chez moi.

王様は戦争をされた

しかも冬に戦争をなさった。

偉大な聖エロワが

いうには、「おお、王様！

陛下は

体が凍えてしまいますぞ」

王様が答えていうには、「ほんにそうじゃ、

お城に戻るとしようかい」

17. Le bon roi Dagobert

Voulait s'embarquer pour la mer ;

Le grand saint Éloi

Lui dit : Ô mon roi !

Votre Majesté

Se fera noyer.

C'est vrai, lui dit le roi,

On pourra crier : « Le Roi boit ! ».

　　ひとのよいダゴベール王は

　　船で海に乗りだすことを望んだ。

　　偉大な聖エロワが

　　いうには、「おお、王様！

　　陛下は

　　溺れてしまわれますぞ」

　　王様が答えていうには、「ほんにそうじゃ、

　　みなが叫ぶじゃろうて、"王は飲む"と」

18. Le bon roi Dagobert

Avait un vieux fauteuil de fer ;

Le grand saint Éloi

Lui dit : Ô mon roi !

Votre vieux fauteuil

M'a donné dans l'œil.

Eh bien, lui dit le roi,

Fais-le vite emporter chez toi.

ひとのよいダゴベール王は

鉄製の古い肘掛椅子をもっておられた。

偉大な聖エロワが

いうには、「おお、王様！

王様の古い肘掛椅子は

大いに私の気に入りました」

王様が答えていうには、「では、

はよう、それをおまえの家に運ばせよ」

19. La reine Dagobert

Choyait un galant assez vert ;

Le grand saint Éloi

Lui dit : Ô mon roi !

Vous êtes... cornu,

J'en suis convaincu.

C'est bon, lui dit le roi,

Mon père l'était avant moi.

ダゴベール王妃様は

そうとうな女たらしを可愛がっておられた。

偉大な聖エロワが

いうには、「おお、王様！

王様はお妃さまを…、寝取られております、

確かでございますぞ」

王様が答えていうには、「結構なことじゃ

わしより前に、わが父上がそうじゃった」

20. Le bon roi Dagobert

Mangeait en glouton du dessert ;

Le grand saint Éloi

Lui dit : Ô mon roi !

Vous êtes gourmand,

Ne mangez pas tant.

Bah, bah, lui dit le roi,

Je ne le suis pas tant que toi.

　　　ひとのよいダゴベール王が

　　　デザートをがつがつ食べておられた。

　　　偉大な聖エロワが

　　　いうには、「おお、王様！

　　　王様は大食漢でいらっしゃいますな、

　　　そんなにお召し上がりにならられませんよう」

　　　王様が答えていうには、「それがなんじゃ！

　　　おまえほど大食いではないわ」

21. Le bon roi Dagobert

Ayant bu, allait de travers ;

Le grand saint Éloi

Lui dit : Ô mon roi !

Votre Majesté

Va tout de côté.

Eh bien, lui dit le roi,

Quand tu es gris, marches-tu droit ?

　　　ひとのよいダゴベール王は

　　　しこたまお飲みになったので千鳥足になられた。

偉大な聖エロワが

　　　いうには、「おお、王様！

　　　陛下は

　　　なんと斜めに進んでおられますぞ」

　　　王様が答えていうには、「では、

　　　おまえさん、酔っ払って、まっすぐ歩けなさるか？」

22. À Saint Éloi, dit-on

　　Dagobert offrit un dindon.

　　Un dindon à moi !

　　lui dit Saint Éloi,

　　Votre Majesté

　　a trop de bonté.

　　Prends donc, lui dit le roi,

　　C'est pour te souvenir de moi.

　　　　聖エロワに、

　　　　ダゴベールは七面鳥をお与えになったそうだ。

　　　　「わたしに七面鳥を！」

　　　　と、聖エロワがいう、

　　　　「陛下は

　　　　あまりに親切でいらっしゃる」

　　　　王様が答えていうには、「だからとっておけ、

　　　　わしのことを思い出すじゃろ」

23. Le bon roi Dagobert

　　Craignait d'aller en enfer ;

　　Le grand saint Éloi

Lui dit : Ô mon roi !

Je crois bien, ma foi

Que vous irez tout droit.

C'est vrai, lui dit le roi,

Ne veux-tu pas prier pour moi ?

ひとのよいダゴベール王は

地獄に行くことを恐れていた。

偉大な聖エロワが

いうには、「おお、王様！

わたしは、誓って信じておりますが

王様は地獄に直行されるでしょう」

王様が答えていうには、「ほんにそうじゃ、

おまえ、わしのために祈ってはくれぬのか？」

24. Quand Dagobert mourut,

Le diable aussitôt accourut ;

Le grand saint Éloi

Lui dit : Ô mon roi !

Satan va passer,

Faut vous confesser.

Hélas, dit le bon roi,

Ne pourrais-tu mourir pour moi ?

ダゴベール王が亡くなられるとき

すぐさま悪魔が駆けつけてきた。

偉大な聖エロワが

いうには、「おお、王様！

悪魔の長がまいります、

告解せねばなりませぬ」

ひとのよい王様が答えていうには、「ああ、残念！

おまえ、わしのかわりに死んではくれぬのか？」

〔資料⑬、但し歌詞22、23番のみ資料⑮から付加〕

　粗筋なんて、ほとんどない。全篇、ダゴベール王と聖エロワの掛け合い漫才のようなもので、珍妙なやり取りが笑いを誘う。王様は、半ズボンculotteをはけば裏返し、冬のさなかにマントを羽織れば寸足らず、狩りにでたらウサギに追われ、ひとが良いのにとつじょ戦争、大酒飲みの大食漢、陽気なわりに地獄が怖い、臨終の床に悪魔がくるや、かわりに死んでくれんかとエロワに頼む……。粗忽さ、滅茶苦茶ぶりが、なんともおかしい。いまでは子どもの歌なので、ただただ、その滑稽さを大らかに笑い、楽しめばいい。

＊

　ところで、蛇足ながら、ダゴベール王も聖エロワも名前だけなら実在だ。もちろん、この歌の内容とは関わりがない。

　ダゴベール王は、フランスの前身フランク王国メロヴィング朝4代目の王ダゴベルト1世（Dagobert 1er, 602/5 ?-639）のことで、在位は629年から639年までの約10年間だった。根は穏健だったといわれるが、現実には、スラブ人、バスク人、ブルトン人、ブルガリア人等との戦闘を強いられた。

　エロワ（Éloi, 588-660頃）は、ダゴベール王のいわば財務大臣の職務にあって、王朝の秩序確立、維持に腐心しただけでなく、632年にはソリニャックの僧院を創設し、北フランス一帯のキリスト教布教に貢献した。後に聖人、——金銀細工師や鍛冶屋職人たちの守護聖人、——に列せられ、聖エロワ Saint Éloi となる。

＊

　作詞作曲は不詳。ただ曲は、狩りの際のラッパの節『鹿のファンファーレ』（*La Fanfare du Cerf*）にのせてうたう〔資料②⑬〕。

　この風刺的というより、むしろおちゃらけた歌詞が書かれた時期については、手元の資料では、困ったことに２説ある。ピエール・ショメイユによれば1750年で、当初はパリを中心にしたイル・ドゥ・フランス地方で知られていただけだという〔資料⑦〕。

　だが、アンリ・ダヴァンソン、およびダヴァンソン説をそのまま踏襲したと思われるマルティーヌ・ダヴィッド、アンヌ＝マリ・デルリュー共著では、旧体制（アンシャン・レジーム）の終わり頃、──つまり、フランス革命（1789年）の頃、──の作とのことで〔資料①②〕、どちらが正しいのかよくわからない。

　18世紀末頃の作とすると、ダゴベール王に喩えられたのはルイ16世（1754年生まれ、在位1774-92）ということになる。しかし、1750年説だとすると、この時期はルイ15世の治世（1710年生まれ、在位1715-74）、王が最盛の40歳のときで、ルイ16世はまだ誕生していない。しかも、このシャンソンが、狩りの節にのせてとあるだけに、そして、両王とも無類の狩り好きだったゆえに、創作時期次第で、歌詞の初めの部分の当てこすりが、ルイ15世か、ルイ16世かが変わってくる。まあ、後世から見れば、両王の喩えと見てもいっこう差支えないように思うが……。

　ところで、このシャンソンが、本当に流行りだしたのは、ナポレオン帝政が終わり、ブルボン家の王政復古（1814-30）が成った時代だという。王党派の人たちが、ナポレオンを嘲ってうったそうだ。確かに、歌詞14~16番がナポレオンの大遠征を連

想させ、特に歌詞16番はすぐにもモスクワ遠征を思わせる。多分、これらの歌詞は、王政復古前に、シャンソンの主人公ダゴベール王の名を借りてナポレオンを批判するために、だれかが書いたものだろう。ナポレオンがエルバ島の小領主として配流されていた時期（1814.4-1815.3）かもしれない。だからこそ、ナポレオンは、1815年にエルバ島を脱出し、パリに戻って復位した「百日天下」（Les Cent Jours, 1815. 3. 20-6. 22）の時代には、このシャンソンを禁止したのだ。心に笑いとばすだけの余裕がなかったのだろう。実質、100日足らずの虚しい抵抗だった。

　この事実からもわかるように、このシャンソンのダゴベール王は、複数の人物の混合体だ。このことは、時代が下るにつれて、歌詞が次々と書き加えられていったことを示している。実際、ルイ18世時代に、ナポレオン3世時代にと……。

＊

ここで、歌詞のなかの語句を、いくつか説明しておこう。

歌詞1番：culotte（キュロット）は貴族・上流階級が常時着用した膝のすぐ下で絞られたタイトな「半ズボン」のことだが、見方を変えれば、「乗馬用ズボン」（culotte de cheval）のこととも考えられる。はき直す際にみえた地肌が黒いというのは、頻繁な狩りによる日焼けを示そうとしているのだろう。それゆえ、為政に無関心だということも。

歌詞2番：La rein' l'a bien plus noir' que moi（妃はわしよりもっと色黒じゃわい）は、王をルイ16世とみなすなら、マリ＝アントワネットへの揶揄になる。マリ＝アントワネットは、ルソー流の自然回帰に影響を受け、ヴェルサイユ宮殿内の小トリアノン宮北側に「ル・アモー」（小集落、le

Hameau）を人工的に造り（1783-85 年）、ときに、農婦や羊飼いの娘のように振舞い興じ、la Bergère（羊飼い娘）と綽名された。が、実際には、礼儀作法にこだわり、綺麗な衣装のままだったため、日焼けしたとは思えない。うがった見方をすれば、王以上に、妃は為政に無関心ということを仄めかしているともとれよう。

歌詞 4 番：cadet は、少年男子用の靴のサイズ 20 ～ 25㎝。

歌詞 8 番：Seoir（〜にふさわしい、似合う）の条件法現在。

歌詞 10 番：Anvers「アンヴェール」はフランス語表記のフランス語読みだが、フランス語（ワロン語）圏ベルギー人は「アンヴェルス」と読む。ベルギー北西部フランデレン地域アントウェルペン州のエスコー川沿いの都市で、地元では Antwerpen と書き「アントウェルペン」と呼ぶ。ベルギー最大の商港。英語では Antwerp と記し「アントワープ」と読む。

歌詞 11 番：pivert は、ヨーロッパアオゲラ（ヨーロッパ産キツツキ）。

歌詞 13 番：フランスの諺《Qui veut noyer son chien l'accuse de la rage》（犬を溺れさせようとする者は、その犬が狂犬だという⇒やっつけたい相手には何とでも難癖をつけられるものだ）〔『ロワイヤル仏和中辞典』旺文社〕を思いださせる。

歌詞 17 番の On pourra crier : « Le Roi boit ! »（みなが叫ぶじゃろうて、"王は飲む"と）の一句は、1 月 6 日の公現祭 Fête des Rois の伝統的行事を踏まえている。この日、切り分けられた公現祭の菓子（gâteau des Rois）を食べて、隠されていた公現祭のソラマメ（Fève des Rois）を見つけたものが、公現祭の王様（Roi de la fève、女性の場合は女王様

Reine de la fève）になり、王冠を被り、祝福を受けるが、
――その幸運は1年間つづくそうだが、――その際に叫ぶ
歓呼の声が、« Le Roi boit ! »（王は飲む！）である。この
喝采後、公現祭の王様（または女王様）は、初めて酒のグ
ラスに口をつけることができる。歌詞での「王は（溺れて
海水を）飲む」のマイナスのイメージを、プラスのイメー
ジに反転させる見事な才知だ。現代では、実際のソラマメ
のかわりに陶製の小さな人形を使う場合もある。なお、
公現祭（Fête des Rois）でいう複数の「王様」（Rois）と
は、キリスト降誕の際に訪れた「東方の三博士」（les Rois
mages）をさしている。

歌詞20番：manger en glouton がつがつ食べる。

〔資料⑦〕

154

26. *La puce*
ノミ

Do, ré, mi, fa, sol, la, si, do

J'ai une puce dans le dos.

Si tu me l'avais dit plus tôt

Elle ne s'rait pas montée si haut!

　　　ドレミファソラシド

　　　背中にノミがいる。

　　　きみがもっと早くぼくにいってくれていたら

　　　ノミの奴、こんなに高くは上らなかったろうに！

〔資料⑰〕

　フランスの ArB music 社の CD に収録の『フランスの「ロンド（輪踊り）・コンティーヌ（はやし歌）・ベルスーズ（子守歌）48 曲、伝統的な高鬼（Chat Perché）の歌』歌詞カードから。

　比較的聞きなれない Chat Perché（高鬼）とは、地面より高い木や《家具や台の上に登ると鬼から逃げられる鬼ごっこ》遊びのことをさす。遊びを能動的に表現するときには、《jouer à chat perché》（高鬼をする）といえばいい。《chat は鬼で、逃げる者が高い所にいる限り捕まえることができない》。そして、鬼が「つかまえた」と叫ぶ表現は、フランス語では「ネコを叫ぶ」（crier chat）だから、おもしろい。このように chat（ネコ）という単語には、「鬼ごっこ」と「（鬼ごっこの）鬼」のふたつの意味がある。さらに、フランス語で《jouer au chat et à la souris》（ネコ遊びネズミ遊びをする）といえば、《（鬼ごっこのように）なかなか相

手に会えない（相手を捕まえられない）》という状態をさす。〔Cf.
『小学館ロベール仏和大辞典』〕

　この短いシャンソンは、ノミが「ぼく」の背中の高いところまで跳びあがって喰いついて、自分では捕まえることができなくなっている状態をいっている。いってみれば、「ぼく」とノミの滑稽な鬼ごっこで、「高鬼」状態のノミの勝ち、といったところか……。

　私見で、1人称を「ぼく」としたが、文法的には「あたし」でもいっこうかまわない。ただ、女性（女の子）の背中に喰いついたノミという絵図はあまり美しいとはいえないので避けた。また、ノミが女性名詞なら、関係する相手は男性名詞のほうが自然かとも。
　もっとも、この発想の延長線上で、過度に想像力（創造力？）を膨らませたご仁もかつていたようで、それを次に紹介しよう。放送コードに引っかからないことを祈る。
　18世紀半ば作のシャンソンで、同じ『ノミ』(*La puce*) というタイトルだ。20世紀になって、コレット・ルナール（Colette Renard, 1924-2010）がうたい、『昔のフランスの陽気な春歌』曲集（L'album: *Chansons gaillardes de la vieille France,* 1960）に収録されている由〔資料⑯〕。マルタン・ペネ版所収の歌詞を、素知らぬ顔で引いておく。作詞はシャルル゠アレクシス・ピロン（Charles-Alexis Piron, 1689-1773）、作曲はアンドレ゠ジョゼフ・エグゾデ（André-Joseph Exaudet, 1710-52）で、その「エグゾデのメヌエットの節にのせて」(Sur l'air du 《Menuet d'Exaudet》) と記されている。1750年頃の作曲だ。〔資料⑬〕

La puce

1. Au dortoir

   Sur le soir

   La sœur Luce

   En chemise et sans mouchoir

   Cherchait du blanc au noir

   À surprendre une puce.

   > 共同寝室で
   >
   > 夕暮れに
   >
   > リュス修道女が
   >
   > 下着姿で胸当てもつけずに
   >
   > 体中、あちこち探していた
   >
   > ノミを捕まえようと。

2. À tâtons

   Du téton

   À la cuisse

   L'animal ne fait qu'un saut

   Ensuite, un peu plus haut,

   Se glisse

   > 手探りで
   >
   > 乳房から
   >
   > 太腿まで
   >
   > この動物はただひとっ跳び
   >
   > それから、ほんの少し上の所に、
   >
   > 滑りこむ

3. Dans la petite ouverture

   Croyant sa retraite sûre.

   De pincer

   Sans danger

   Il se flatte ;

   Luce, pour se soulager,

   Y porte un doigt léger

   Et gratte.

   　　　　小さな開口部に

   　　　　安全な隠れ家だと信じて。

   　　　　チクッと刺しても

   　　　　危険はないと

   　　　　この動物はうぬぼれる。

   　　　　リュスはチクッを和らげようと、

   　　　　指をそっとその場所にやり

   　　　　そしてかく。

4. En ce lieu,

   Par ce jeu,

   Tout s'humecte;

   À force de chatouiller,

   Venant à se mouiller,

   Elle noya l'insecte.

   　　　　この場所は、

   　　　　この動きで、

   　　　　全体が湿る。

   　　　　快く刺激しすぎたものだから、

ぐじゃぐじゃに湿ってしまい、
この虫は溺れた。

5. Mais enfin

Ce lutin

Qui rend l'âme

Veut faire un dernier effort;

Luce, grattant plus fort,

Se pâme.

それでとうとう
このいたずらっ子のノミは
あの世にいくが
最後のがんばりはしたいと思う。
で、リュスはいっそう強くかいたものだから、
快感で気絶する。

〔*Poésies comptines et chansons pour Rire*,Gallimard〕

27. *Il était un petit navire*
小さなお船がありましたとさ

1. Il était un petit navire, (*bis*)

   Qui n'avait ja- ja- jamais navigué, (*bis*)

   Ohé! Ohé!

   > 小さなお船がありましたとさ、
   >
   > い、い、1度も航海したことはありませんでした、
   >
   > オエ！ オエ！

   > [Refrain]
   >
   > Ohé ! Ohé ! Matelot,
   >
   > Matelot navigue sur les flots. } (*bis*)
   >
   > ［ルフラン］
   >
   > オエ！オエ！水夫、
   >
   > 水夫は海原を航海するものさ。

2. Il partit pour un long voyage, (*bis*)

   Sur la mer Mé-Mé-Méditerranée, (*bis*)

   Ohé ! Ohé !

   > 小さなお船は長い旅にでましたとさ、
   >
   > ち、ち、地中海を、
   >
   > オエ！ オエ！

3. Au bout de cinq à six semaines, (*bis*)

   Les vivres vin-vin-vinrent à manquer, (*bis*)

   Ohé ! Ohé !

5、6週間たって、

た、た、食べ物がなくなってしまいましたとさ、

オエ！オエ！

4. On tira z'à la courte paille, (*bis*)

Pour savoir qui-qui-qui serait mangé, (*bis*)

Ohé ! Ohé !

みんなで藁籤^{わらくじ}を引きましたとさ、

だ、だ、だれが食べられることになるかを知るために、

オエ！オエ！

5. Le sort tomba sur le plus jeune, (*bis*)

C'est donc lui qui-qui-qui sera mangé, (*bis*)

Ohé ! Ohé !

籤に当たったのは、いちばん若い見習い水夫だとさ、

こ、こ、この若い見習水夫は、食べられるだろう、

オエ！オエ！

6. On cherche alors à quelle sauce, (*bis*)

Le pauvre enfant-fant-fant serait mangé, (*bis*)

Ohé ! Ohé !

そこでみんなは考えましたとさ、どんなソースで、

こ、こ、この哀れな子を食べようかなと、

オエ！オエ！

7. L'un voulait qu'on le fît frire, (*bis*)

L'autre voulait-lait-lait le fricasser, (*bis*)

Ohé ! Ohé !

　　　したがりましたとさ、ある者はフライに、

　　　し、し、したがりましたとさ、別の者はフリカッセに、

　　　オエ！オエ！

8. Pendant qu'ainsi l'on délibère, (*bis*)

　Il monte en haut-haut-haut du grand hunier, (*bis*)

　Ohé ! Ohé !

　　　こんなふうに侃々諤々やっているあいだに、

　　　た、た、高い帆柱に、この子は上ります、

　　　オエ！オエ！

9. Il fait au ciel une prière, (*bis*)

　Interrogeant-geant-geant l'immensité, (*bis*)

　Ohé ! Ohé !

　　　この子は、お空に祈ります、

　　　と、と、問いかけながら、広大無辺の空に、

　　　オエ！オエ！

10. Mais regardant la mer entière, (*bis*)

　Il vit des flots-flots-flots de tous côtés, (*bis*)

　Ohé ! Ohé !

　　　海全体を見渡しても、

　　　う、う、海原でしたとさ、四方八方見えたのは、

　　　オエ！オエ！

11. Oh ! Sainte Vierge, ma patronne, (*bis*)

Cria le pau-pau-pauvre infortuné, *(bis)*

Ohé ! Ohé !

おお！ぼくの守護聖母マリアさま、

あ、あ、哀れで運の悪いその子は叫びましたとさ、

オエ！オエ！

12. Si j'ai péché, vite pardonne, *(bis)*

Empêche-les de-de-de me manger, *(bis)*

Ohé ! Ohé !

ぼくが罪を犯したのなら、すぐにもお許しを、

や、や、やめさせて、ぼくを食べるのだけは、

オエ！オエ！

13. Au même instant un grand miracle, *(bis)*

Pour l'enfant fut-fut-fut réalisé, *(bis)*

Ohé ! Ohé !

まさにその瞬間、大いなる奇跡が、

お、お、起こりましたとさ、その子に、

オエ！オエ！

14. Des p'tits poissons dans le navire, *(bis)*

Sautèrent par-par-par et par milliers, *(bis)*

Ohé ! Ohé !

小魚が、お船のなかに、

な、な、何千尾も飛び込んできましたとさ、

オエ！オエ！

15. On les prit, on les mit à cuire, (*bis*)

Le jeune mou-mou-mousse fut sauvé, (*bis*)

Ohé ! Ohé !

みんなは小魚を捕まえて、加熱調理しました、

わ、わ、若い見習い水夫は、救われましたとさ、

オエ！ オエ！

16. Si cette histoire vous amuse, (*bis*)

Nous allons la-la-la recommencer, (*bis*)

Ohé ! Ohé !

もしもこのお話が面白ければ、

さ、さ、最初からまた始めましょう、

オエ！ オエ！

〔資料⑬、歌詞５番のみ資料⑦〕

　さあ、「小さなお船」の出航だ。地中海を処女航海。ところ
が、５〜６週間もたつと、食料がなくなった。藁籤（わらくじ）で、だれを食
べるかを決めることにした。いちばん短い藁を引き当てたのは、
もっとも年少の見習い水夫。残りの年長の仲間たちは、どんなソ
ースを使おうか、どんな調理をしようかと、侃々諤々（かんかんがくがく）。哀れなの
は見習い水夫、帆柱のてっぺんまで上り、空を仰いで祈り、遥か
な海を見渡して「聖母マリア」に加護を願う。はて、願いは？
……　聞き届けられた！　突如、甲板に飛びこんできた小魚何千
尾。すべては火を通して調理。見習い水夫は食べられずにすんだ
とさ。このお話が面白いなら、もう一度、最初から繰り返しましょ
う。

＊

　この話、いささか不可思議、なんだか残酷。食料がなくなったからといって、人間を食べるか！　それもいちばん若い少年を！

　話は変わるが、社会制度的に認められた、ヒトがヒトの肉を食べる行動・風習・習慣を、フランス語では「カニバリスム」（cannibalisme）という。ただ、海や山での遭難、自然災害時での一時的な強烈な飢餓状態、あるいは精神に狂いをきたした場合でのことは、カニバリスムとは呼ばず、やはりフランス語でいう「アントロポファジー」（anthropophagie）に分類されるそうだ。

　が、そんな専門的なことは、いまはどうでもいい。肝要なことは、ヨーロッパの歴史で、ヒトがヒトを食べた事実が存在していたこと、そしてその記憶がヨーロッパ人の意識下に刻み込まれていて、なにかの拍子に忽然と蘇ってくることがある、ということだ。それが、歌詞6番《そこでみんなは考えましたとさ、どんなソースで／この哀れな子を食べようかなと》の背景だ。

　とはいえ、現代の子どもたちが怖がったりすることはない。軽快なリズムが、深層の恐怖に蓋をし、絵空事として陽気にうたい流してくれる。

　だがそれにしても、なぜいちばん若い「見習い水夫」が、大凶を引き当てたのだろう？……　見習い水夫（le mousse）の年齢は、16歳以下の男の子と決まっている。肉が柔らかくてソースに合うのは、親牛よりも子牛、親羊よりも子羊、……はフランス料理の常識だ。ヒトにしても同じなのだろう、きっと。だからこの大凶は、必然だった。

　いや、不可思議はまだある。ここは「地中海」のど真ん中、ど

うして釣り糸を海中に垂れなかったのだろう。そんなまどろっこしいことをしなくても、最寄りの港に寄港すればすむ。単純なことだ。なのに、その単純なことをしていない。それどころか、最後の歌詞、──《もしもこのお話が面白ければ／最初からまた始めましょう》、──までくれば、子どもたちは、きっと手をたたき、大きな口をあけて笑いながら、「面白い」を連発するだろう、何度もなんども。するとどうだ、この歌は最初から繰り返し何度もうたわれることになり、この「小さなお船」はいつになっても寄港できない。航海しつづけなくてはならない。それは永遠に海の上をさまようこと？……、ギョ！　一見、ハッピー・エンドであるかにみえるこの歌のほんとうの恐怖は、──残酷さの本質は、──ここに潜んでいる。

　永久に止めることができない恐怖を表象した神話が「シジフォスの神話」だし、音楽だとヨハン・シュトラウス２世の『常動曲（無窮動）』〔op. 257〕がそうだ。もっとも前者はだれにもどうすることもできず救いがないが、後者は指揮者が「まだまだ続きます」といってストップをかけさえすれば、演奏者も聴衆も永劫の持続から解放される。

　シャンソン『小さなお船があったとさ』の歌内容は、永遠に航海しつづけるという意味で、どうもそう単純ではないようだ。ここに紹介した現在一般に知られる歌詞の元歌は、16世紀のシャンソン『短い藁』(La courte paille) にまでさかのぼる。歌詞を次に挙げてみよう。〔資料⑬〕

La courte paille

1. Il était un petit navire （*bis*）
   Dessus la mer s'en est allé (*bis*)
   　　　小さなお船がありました
   　　　海上を出航しました

2. A bien été sept ans sur mer (*bis*)
   Sans jamais la terre aborder (*bis*)
   　　　海上にたっぷり 7 年いましたが
   　　　1 度も着岸しませんでした

3. Au bout de la septième année (*bis*)
   Les vivres vinrent à manquer (*bis*)
   　　　7 年目の終わりには
   　　　食料が不足する事態になりました

4. Faut tirer à la courte paille (*bis*)
   Pour savoir qui sera mangé (*bis*)
   　　　藁籤を引かねばなりません
   　　　だれが食べられるかを知るためです

5. Le maître qu' a parti les pailles (*bis*)
   La plus courte lui a resté (*bis*)
   　　　藁を分けたのは船長
   　　　1 番短い藁が船長に残りました

6. S'est écrié : O Vierge Mère, (*bis*)

   C'est donc moi qui sera mangé (*bis*)

   こう叫びました、おお、聖母さま

   なんてこった、食べられるのは俺だ

7. Le mousse lui a dit : Mon maître (*bis*)

   Pour vous le sort je subirai (*bis*)

   見習い水夫がいいました、船長

   あなたに代わって、ぼくがその籤運を被りましょう

8. Mais auparavant que je meure (*bis*)

   Au haut du mât je veux monter (*bis*)

   でもぼくは死ぬ前に

   マストのてっぺんに上りたい

9. Le mousse monte dans la hune (*bis*)

   A regardé de tous côtés (*bis*)

   見習い水夫は檣楼に上って

   四方八方を眺めました

10. Quand il fut monté sur la pomme (*bis*)

    Le mousse s'est mis à chanter (*bis*)

    帆柱の先に上がったとき

    見習い水夫はうたいはじめました

11. Je vois la tour de Babylone (*bis*)

    Barbarie de l'autre côté (*bis*)

ぼくにはバビロンの塔が見えます

反対側にはバルバリが

12. Je vois les moutons dans la plaine (*bis*)

Et la bergère à les garder (*bis*)

平野には羊たちが見えます

それに羊を守っている羊飼い娘も

13. Je vois la fille de notre maître (*bis*)

A trois pigeons donne à manger (*bis*)

ぼくには見えます、船長の娘さんが

３羽の鳩に餌を与えているのが

14. Ah! chante, chante, vaillant mousse (*bis*)

Chante, t'as bien de quoi chanter (*bis*)

ああ！ うたえ、うたえ、勇敢な見習い水夫よ

うたえ、おまえにはうたう理由がたくさんある

15. T'as gagné la fille à ton maître (*bis*)

Et le navire qu'est sous les pièds (*bis*)

おまえは得たのだ、船長の娘と

足の下の船を

　歌詞11番「バルバリ」Barbarie とは、エジプト西部から大西洋
岸に至るアフリカ北部地域の古名。

＊

　この船乗りの歌（水夫の歌）『短い藁』は、アンリ・ダヴァン

ソンによれば、16世紀大西洋沿岸で生まれ、内陸部や地中海一帯に広がり、スペイン北東カタロニアからポルトガルにまで伝わったという〔資料①〕。

登場するのは、《海上にたっぷり7年いましたが／1度も着岸しませんでした》とうたわれる「小さな船」。7年という期限ですぐにも連想するのが、〈さまよえるオランダ人〉伝説だ。ヴァーグナーの楽劇のタイトルとしても有名だが、そこでは、暴風雨に遭遇しながらも、「たとえ世界の末日までかかろうとも、きっと乗り切って見せる」と豪語したことで悪魔の呪いを受けたオランダ人船長が、未来永劫、死ぬことを許されず、海の上をさまよわざるをえなくなる。しかし、7年に1度だけは上陸を許され、永遠に貞操を誓う娘を得られれば救われる、という筋立てだ。

ただ、〈さまよえるオランダ人〉（Der fliegende Holländer）伝説よりも、むしろ、ヨーロッパに広く伝わる、さまよえる〈幽霊船〉（le vaisseau fantôme）伝説のほうが、一般的だろう。船底一枚下は地獄は、洋の東西を問わない。嵐で難破したり、海賊に襲われたりで、全員死亡のまま永遠に洋上を漂っているとか、沿岸につながれていた無人の船が荒波にさらわれ遥か沖合を漂流するとか。そうした船が、昼間なら濃い海霧のなかから、夜なら暗い闇のなかから、とつぜん姿を現したと想像してみよう。いかに豪胆な海の男であろうとも、恐怖に身をすくませ、茫然と見送るほかなかっただろう。

岸につけない、食料がない、……この2条件の行きつく先は、「死」だ。その前に起こるだろう「食人」の悲劇を、『小さなお船がありましたとさ』では大量の魚が飛び込む奇跡で食糧危機から救っているし、『短い藁』ではマストのてっぺんから遠くに岸辺を見つけたことで寄港の希望を与えている。また両歌に登場する

聖母マリアは「海の星」（ステラ・マリス）とも呼ばれ、それは、
海上での方向の指針ともなる北極星、または明けの明星を指す。
それゆえ、海、漁師の守り神だ。見習い水夫の祈った対象が、父
なる神でも他の聖人たちでもなく、「聖母マリア」だったのは、
そういうわけだ。

　19世紀半ばにほぼ歌詞の定まった現代版『小さなお船があり
ましたとさ』と、16世紀の元歌『短い藁』のあいだの大きな違
いは、籤が当たる対象が、つまり食べられる対象が、元歌では船
長、——それも自分で自分に当たるように細工してのこと、——
だが、現代版では、斟酌なしに、もっとも若い見習い水夫だった
ということだろう。悲劇性を高めようとしてのことかもしれない
が……。

　とすれば、この3世紀間に、船乗りたちの心性になにが起こっ
たのか？　『短い藁』には、まだ人間が人間を信じていいかもし
れないというオプティミズムを感じるが、『小さなお船がありま
したとさ』にはない。宗教戦争で荒廃した世相のなかからユマニ
スムの思想、——短絡的にいえば、より人間的であるための模
索、——を生んだ世紀と、フランス革命後、第1共和政、第1帝
政、王政復古、第2共和政、第2帝政……と、目まぐるしく体制
変革するなかで、価値観が一定しなかった19世紀との差かもし
れない。

28. *Maman les p'tits bateaux*
ママ、ちっちゃなお船さんたちが

［Refrain］

Maman les p'tits bateaux

Qui vont sur l'eau

Ont-ils des jambes?

Mais oui, mon gros bêta,

S'ils n'en avaient pas,

Ils ne marcheraient pas.

　　　　［ルフラン］

　　　　ママ、ちっちゃなお船さんたちが

　　　　海のうえを行くよ

　　　　脚があるの？

　　　　ええそうよ、おばかさんね、

　　　　脚がなかったら、

　　　　進まないわよ。

Allant droit devant eux

Ils font le tour du monde

Mais comme la terre est ronde

Ils reviennent chez eux.

　　　　真っ直ぐ前方に進んで

　　　　世界を一周するのよ

　　　　でも地球は丸いから

　　　　自分たちの国にもどってくるわ。

〔資料⑬〕

　これにつづく歌詞もあるようだが、似たり寄ったりなので、ひ
とつだけ紹介しておこう。〔資料⑮〕

　　Va, quand tu seras grand
　　Tu feras le tour du monde
　　Pour lutter vaillamment
　　Contre le vent et la mer.
　　　　さあ、おまえも大きくなったら
　　　　世界一周をして
　　　　勇敢に戦うのよ
　　　　風や海と。

　作詞作曲不詳だが、多分、そう古くはないコンティーヌ。歌
詞が最初にのったのは、ジョルジュ・デュ・モリエ（George du
Maurier）が 1891 年に出版した小説『ピーター・イベットスン』
（*Peter Ibbetson*）のなかで、1920 年には、ルイ＝モーリス・ブー
テ・ドゥ・モンヴェル（Louis-Maurice Boutet de Monvel）による
挿絵入りアルバムに収められているそうだし、そのメロディの
ほうは、すでに 1913 年に、エリック・サティ（Erik Satie）の作品
『自動記述・第 1 番「船上で」』（*Descriptions automatiques, I. Sur un
vaisseau*）に使われている〔資料⑮〕。
　原曲もサティ版も、ゆったりしたメロディは波の動きや風の動
きをよく表象しているし、ルフランの歌詞は、滑稽というより、
子どもの疑問を、いったん「そのとおりよ」と引き受ける母親の
豊かな包容力を示している。子どもの夢は、こうして優しく育ま
れるのだ。

29. *Vent frais, vent du matin*
涼しい風、朝の風

［1］ Vent frais, vent du matin,

［2］ Vent qui souffle au sommet des grands pins,

［3］ Joie du vent qui passe, allons dans le grand ［vent frais...］

［1］ 冷たい風、朝の風、

［2］ いく本もの高い松の梢で吹く風、

［3］ 風の喜びが通り過ぎる、さあ行こう、強いなかを ［冷た
い風が…］

〔資料⑮⑯〕

　1965 年頃に作詞されたようだが、作者名は不明。旋律は、17
世紀初めのイングランドの作曲家兼楽譜編集者トマス・レイヴ
ンズクロフト（Thomas Ravenscroft, 1582-1633）作曲のカノン『お
や、だれも家にいない』(Hey, Ho Nobody at Home、1609 年）か
ら借用しているそうだ。幼い子どもでもうたいやすい単純な「3
声部のカノン」形式、——簡単にいえば、3 部輪唱、——で、歌
詞の前に付した ［1］［2］［3］ が、つまり次頁に転載した楽譜の
上に付した ［1］［2］［3］ が、各声部のはいるところ。何度でも
同じ歌詞を繰り返してうたう。

　したがって、詩行 3 《...allons dans le grand》は、そのままく
りかえしの詩行 1 《Vent frais, vent du matin...》につづくので、
聴くものには、自然と 《allons dans le grand vent frais, vent du
matin...》（さあ行こう、強い冷たい風、朝の風……）と、聞こえて
くるだろう。

　ヴァリアントのひとつに、楽譜にも記載されているように、詩行２《Vent qui souffle au sommet des grands pins》が、《soulevant le sommet des grands pins》（いく本もの高い松の梢を押し上げる）になっているものもある。〔資料⑮〕

　松は常緑樹ゆえ、不滅性、不老長寿の象徴だ〔アト・ド・フリース著『イメージ・シンボル事典』大修館書店〕。早朝、出かける前に、通りを吹きぬけ、松の梢を揺する身の引き締まるような強い冷たい風。子どもならずとも、大人たちも、人生に立ち向かうには、なにかしら力強さが必要なことを意識するだろう。

　ポール・ヴァレリーの詩『海辺の墓地』のあの有名な一節《Le vent se lève, il faut tenter de vivre.》（風が起きる、生きることを試みねば）が頭をよぎった。

〔資料⑦〕

175

30. *Il était une bergère*
ひとりの羊飼い娘がいました

1. Il était une bergère,

   Et ron et ron petit patapon ;

   Il était une bergère,

   Qui gardait ses moutons,

   Ron,ron,

   Qui gardait ses moutons.

   > ひとりの羊飼い娘がいました、
   >
   > エ・ロン・エ・ロン・プティ・パタポン、
   >
   > ひとりの羊飼い娘がいました、
   >
   > 羊の番をしていました、
   >
   > ロン・ロン、
   >
   > 羊の番をしていました。

2. Elle fit un fromage,

   Et ron et ron petit patapon ;

   Elle fit un fromage,

   Du lait de ses moutons,

   Ron, ron,

   Du lait de ses moutons.

   > この羊飼い娘はチーズを作りました、
   >
   > エ・ロン・エ・ロン・プティ・パタポン、
   >
   > この羊飼い娘はチーズを作りました、
   >
   > その羊たちの乳で、
   >
   > ロン・ロン、

その羊たちの乳で。

3. Le chat qui la regarde,

Et ron et ron petit patapon ;

Le chat qui la regarde,

D'un petit air fripon,

Ron, ron,

D'un petit air fripon.

ネコがこの羊飼い娘を見ています、

エ・ロン・エ・ロン・プティ・パタポン、

ネコがこの羊飼いの娘を見ています、

いたずらっぽい様子で、

ロン・ロン、

いたずらっぽい様子で。

4. Si tu y mets la patte,

Et ron et ron petit patapon ;

Si tu y mets la patte,

Tu auras du bâton,

Ron, ron,

Tu auras du bâton.

チーズにあんよを置いたら、

エ・ロン・エ・ロン・プティ・パタポン、

チーズにあんよを置いたら、

棒でぶつわよ、

ロン・ロン、

棒でぶつわよ。

5. Il n'y mit pas la patte,

   Et ron et ron petit patapon ;

   Il n'y mit pas la patte,

   Il y mit le menton,

   Ron, ron,

   Il y mit le menton.

   > ネコはあんよは置かなかったが、
   > エ・ロン・エ・ロン・プティ・パタポン、
   > ネコはあんよは置かなかったが、
   > あごを置いた、
   > ロン・ロン、
   > あごを置いた。

6. La bergère en colère,

   Et ron et ron petit patapon ;

   La bergère en colère,

   Tua son p'tit chaton,

   Ron, ron,

   Tua son p'tit chaton.

   > 怒った羊飼い娘は、
   > エ・ロン・エ・ロン・プティ・パタポン、
   > 怒った羊飼い娘は、
   > その子ネコを殺した、
   > ロン・ロン、
   > その子ネコを殺した。

7. Elle fut à son père,

Et ron et ron petit patapon ;

Elle fut à son père,

Lui demander pardon,

Ron, ron,

Lui demander pardon.

羊飼い娘は神父のところへ行った、

エ・ロン・エ・ロン・プティ・パタポン、

羊飼い娘は神父のところへ行った、

許しを請うために、

ロン・ロン、

許しを請うために。

8. Mon père, je m'accuse,

Et ron et ron petit patapon ;

Mon père, je m'accuse,

D'avoir tué mon chaton,

Ron, ron,

D'avoir tué mon chaton.

神父様、あたしは罪を告白いたします、

エ・ロン・エ・ロン・プティ・パタポン、

神父様、あたしは罪を告白いたします、

あたしの子ネコを殺してしまいました、

ロン・ロン、

あたしの子ネコを殺してしまいました。

9. Ma fill', pour pénitence,

Et ron et ron petit patapon ;

Ma fill', pour pénitence,

Nous nous embrasserons,

Ron, ron,

Nous nous embrasserons.

娘よ、償いとして、

エ・ロン・エ・ロン・プティ・パタポン、

娘よ、償いとして、

抱きあってキスしあおう、

ロン・ロン、

抱きあってキスしあおう。

10. La pénitence est douce,

Et ron et ron petit patapon ;

La pénitence est douce,

Nous recommencerons,

Ron, ron,

Nous recommencerons.

償いって甘美なのね、

エ・ロン・エ・ロン・プティ・パタポン、

償いって甘美なのね、

あたしたち、繰り返しましょう、

ロン・ロン、

あたしたち、繰り返しましょう。

〔資料⑬〕

　作詞作曲不詳。原曲は 16 世紀のクリスマスの歌『汝の家畜に
草を食ませよ』(*Laissez paître vos bêtes*) の旋律だそうだ。

＊

　子ども用の歌としてうたわれるのは、ふつう歌詞1番から歌詞6番まで。要約すれば、——羊飼い娘がチーズ作りをしているところへネコが1匹やってくる。娘の警告にもかかわらず、ネコはチーズにあごを置いた。娘は怒って、たぶん棒で、殴り殺した、——というものだ。ただし、現代の子ども用歌集では、残酷さへの配慮だろう、歌詞6番の《その子ネコを殺した》(Tua son p'tit chaton) の箇所を、《その子ネコをぶった》(Battit son p'tit chaton) に変えているものが多いが……。

　かなり残酷な娘さんだ。子ネコがチーズにあごを置いた、——つまり、舐め、そして食べた、——くらいで……。いや、そうではない。本当の問題は、ネコとチーズの組み合わせにある。ロバート・ダーントン (Robert Darnton) らの最近の研究は、啓蒙主義時代の動物言語にこめられた特有の言い回し、——二重の意味、——を明らかにしてくれる〔資料③〕。

　たとえば、《ネコをチーズのところに行かせておく》(laisser le chat aller au fromage) とか、《ネコがチーズを食べてしまった》(le chat a mangé le fromage) とかの表現は、「処女喪失」と同義だった、と。

　それだけではない、アルフレッド・デルヴォー (Alfred Delvau) が1864年に著した『現代エロティック辞典』(Dictionnaire érotique moderne, Slatkine Reprints, Genève, 1968) では、ネコは「女性性器」の、チーズは「男性精液」の象徴と明記されている。

　とすれば、このシャンソンの歌詞5番は、あけっぴろげに「処女喪失」を活写した場面だということになる。しかも、子ネコの分際で「チーズ」＝「精液」を食べたとは！

　これで、歌詞7番以降のつながりがはっきりした。羊飼い娘

は、慙愧（ざんき）の念からだろう、罪を告白するために教会に行く。神父（贖罪司祭）は、あろうことか、償いに《抱きあってキスしあおう》と提案する。娘は、償いがこんなに《甘美》なことなら、同じことを《繰り返しましょう》と無邪気にいう。

　表層をたどるだけなら、キスのくりかえしということだろうが、歌詞の前半部の隠された意味を知ったいま、そのレヴェルにはとどまるまい。好色神父の手練手管に、娘はすっかり虜になり、逃れられなくなったということだろう。ある意味、「女性の性」をからかったものともとれるが、驚いたことには、19世紀には、大人も子どもも、ちゃんと全歌詞をうたっていたということだ。資料②に引用された『子どもたちの歌と輪踊り』(*Chansons et Rondes enfantines*, 1858) で、この歌の遊び方を説明したくだりが証明してくれる。歌詞7番以降の概略を記しておこう。

　子どもたちの歌にあわせての輪踊りが、歌詞7番にさしかかると、贖罪司祭役の男の子がひとり選びだされ、輪のなかで、跪いて告白する羊飼い娘役の女の子の手をとり、立ちあがらせ、それらしい素振りをまじえながら償いのキス・シーンをうたい、演じる。最後には、そのふたりが手に手をとり、《償いって甘美なのね／あたしたち、繰り返しましょう》と、周囲で輪になって踊っている子どもたちみなと声をあわせて、大合唱する。

　この遊戯を不謹慎ととるか、おおらかだと解すか、現代人では意見の分かれるところだろうが、子どもは小さな大人だった最後の名残が感じられる。

＊

　歌詞の成立年代には、異説もある。たとえばピエール・ショメイユは、18世紀後半の《ルイ16世治下、大貴族やマリ＝アントワネットは羊の飼育を流行らせ、自分たちの手で、きわめて清潔な羊小屋へ、羊たちをいそいそと導いた。この面白い小ロンドが生まれたのはこの時代で、田舎でよりももっぱら宮中でうたわれていた》〔資料⑦〕としている。

　ジャン＝クロード・クランは、もう少しだけ遡った18世紀半ば、ルイ15世の御世、ロココ文化の最盛期に、《匿名の教養人のペン先から、定期市の芝居の節にのせて》生みだされた、としている〔資料③〕。

　いずれにしても、恋愛には寛容だった時代、このシャンソンの歌詞に秘められた内容の放埓さもうなずける。

　ただ、マリ＝アントワネット登場以前の作か以後の作か、正確にはわからないままに、後世は、この歌を生前のマリ＝アントワネットの田舎趣味、及び断頭台での残酷な最期になぞらえて、したり顔をすることもある。その妥当性の有無は別にして、そうした後付け解釈を許してしまう要素が、確かに含まれている。

　マリ＝アントワネットは、ルソー流の自然公園にあこがれ、小トリアノン宮殿のそばに、厩舎、鳩舎、鶏舎、納屋を建て、本物の農夫や農婦、羊飼いと羊飼い娘、草刈り男や取り入れ男、洗濯男に狩人、そして「チーズ作り職人」などを住まわせ、それぞれに、実際の村にいるときと同じように働かせた。有名な小集落「ル・アモー」（le Hameau）である。マリ＝アントワネット自身が、乳しぼり等の実演に及ぶこともあった。

　予め、清潔に掃き清められ、準備万端整えられたなかでの優雅な遊びであるが、「チーズ作り」もそのひとつで、それを歌詞2

番《この羊飼い娘はチーズを作りました》に読み取るわけだ。それゆえ、マリ゠アントワネットには「羊飼い娘」(la Bergère) というあだ名までついた。

そして、ネコがチーズに《あごを置いた》を、ギロチンにあごを置く姿に重ね、子ネコを《殺した》を処刑執行と受けとめようとする。しかし、断頭台の露と消えたのは、実際にはネコでなく、「羊飼い娘」のほうだったという逆説は、だれしも知っている。

〔資料 II-2〕

184

31. *Les crocodiles*
ワニたち

---

1. Un crocodile, s'en allant à la guerre

   Disait au revoir à ses petits enfants.

   Traînant ses pieds, ses pieds dans la poussière

   Il s'en allait combattre les éléphants.

   > 1匹のワニが、出陣のさいに
   >
   > 幼い子どもたちにさよならをいった。
   >
   > 足を、埃まみれになった足をひきずりながら
   >
   > ゾウたちと戦いに行った。

   [Refrain]

   Ah ! Les crocrocro, les crocrocro, les crocodiles ⎫
                                                      ⎬ (*bis*)
   Sur les bords du Nil, ils sont partis n'en parlons plus. ⎭

   > ［ルフラン］
   >
   > ああ！レ・クロクロクロ、レ・クロクロクロ、
   >
   > レ・クロコディル
   >
   > ナイル川のほとりで、ワニたちは退散したが、
   >
   > もうその話はするまい。

2. Il fredonnait une marche militaire

   Dont il mâchait les mots à grosses dents.

   Quand il ouvrait la gueule tout entière

   On croyait voir ses ennemis dedans.

   > そのワニは軍隊行進曲を口ずさんでいた
   >
   > 歌詞の一語一語をごつい歯でもごもごと。

ワニが口をがあっと全開すると
なかに、敵たちの姿が見えるような気がした。

3. Un éléphant parut et sur la terre
   Se prépara ce combat de géants.
   Mais près de là coulait une rivière
   Le crocodile s'y jeta subitement !
   　　　1頭のゾウが現れて、陸上での
   　　　巨大なものどうしの戦いに身構えた。
   　　　しかしごく近くに川が流れていた
   　　　ワニはとつぜん川に飛びこんだ！

4. Or l'éléphant, assoiffé par l'affaire
   Voyant dans l'eau zigzaguer l'impudent
   Trempa sa trompe au creux de la rivière
   Et, sans vergogne, aspira le caïman.
   　　　ところで、ごたごたで喉が渇いたゾウは
   　　　うかつな奴が川のなかをジグザグしているのを見て
   　　　川のくぼみに鼻を浸し
   　　　そしてずうずうしくも、そのワニを吸いこんだ。

〔資料⑪〕

　このシャンソンは、1856年に、ジャック・オッフェンバック
（Jacques Offenbach）が作曲した滑稽音楽、一幕ものオペラ『ア
ルカザールの竜巻、すなわち劇的な犯罪者』（*Tromb-al-ca-zar ou
les Criminels dramatiques*）のなかの三重唱『ワニが出征する』（*Le
crocodile en partant pour la guerre*）に由来するという〔資料⑮〕。

ちなみにオペラのほうの台本作者は、フランス人のシャルル゠デジレ・デュプティ（Charles-Désiré Dupeuty）とエルネスト・ブルジェ（Ernest Bourget）の共作だ。

幼い子どもたちにとっては、この歌は、アフリカに生息するワニやゾウの話、——生態や生存競争、——を学ぶきっかけになるだろう。

とはいえ、そんな教育的観点は面白くない。このワニ、出陣の際は、《足を引きずりながら》（Traînant ses pieds）だった。このフランス語は、二義的に《いやいや行動する、やる気がない》の意味になるから、戦争に行きたくないのだ。命は惜しいし、ましてや子どもたちや妻をおいてなど……。弱虫なんかじゃない、平和主義者なんだね（笑）。

敵のゾウが目の前に現れたとき、ワニは逃げるが勝ちと川のなかに飛びこんだ。水のなかはワニのテリトリー。だが、運が悪かった。このゾウ、喉が渇いていた。水が飲みたくて、鼻から水を吸うついでに、ワニも吸いこんでしまった。なんと、とぼけた話。この場合、ワニは迂闊、ゾウは礼儀知らず。宣戦布告もせずに、結果的に不意打ちしたようなものだから。

戦争は、迂闊なほうが負け、厚顔なほうが勝つらしい。こんなゲームは下品だからしないほうがいい、とフランスの子どもたちが学んでくれればいいけど……。

歌詞２番の《il mâchait les mots》（〔直訳〕ことばをかむ、咀嚼する）だが、慣用句の否定形《ne pas mâcher ses mots》が「ずけずけいう、歯に衣を着せない」の意味なので、肯定形のここは《もごもごいう》と訳しておいた。似た表現では、《manger ses mots》（〔直訳〕ことばを食べる）があり、「もごもごいう、不明瞭

な発音をする」の意味だ。

　また、歌詞4番末語Caïman（カイマン）は、通常、中南米産のワニをさすが、この歌ではナイル川がでてくるので、アフリカのワニ（＝ crocodile）と同義で使っている。

　歌詞2番の後に、次のような歌詞3~5番がつづくヴァージョンもあるらしい〔資料⑧〕。初めに紹介したヴァージョンの歌詞2番《ses ennemis》では「敵たち」はゾウだが、以下のヴァージョンの歌詞3番《les animaux》ではゾウにかぎらぬ森の「動物たち」になる。ここでは、ワニもゾウも傲慢で戦闘的だが、最後にワニが幼い子どもたちのもとに、とうぜん妻のもとに、逃げ帰れたことには、ほっとする。

3. Il agitait sa grand' queue à l'arrière
　 Comm' s'il était d'avance triomphant.
　 Les animaux devant sa mine altière
　 Dans les forêts, s'enfuyaient tout tremblants.
　　　　ワニは後ろでごつい尾っぽをうごかしていた
　　　　まるであらかじめ勝利を収めたかのようだった。
　　　　ワニの高慢な顔つきを前にして、動物たちは
　　　　震えあがって森のなかへと逃げ去った。

4. Un éléphant parut :et sur la terre
　 Se prépara un combat de géants.
　 Mais près de là, courait une rivière
　 Le crocodil' s'y jeta subitement.
　　　　1頭のゾウが現れて、陸上での

巨大なものどうしの戦いに身構えた。
しかしごく近くに川が流れていた
ワニはとつぜん川に飛びこんだ。

5. Et tout rempli d'un' crainte salutaire

　S'en retourna vers ses petits enfants.

　Notre éléphant, d'une trompe plus fière

　Voulut alors accompagner ce chant.

　　　　そして健全な恐怖で胸がいっぱいになったワニは
　　　　幼い子どもたちのもとに引きあげた。
　　　　われらがゾウはますますもって自慢の鼻で
　　　　その時この歌に鼻歌伴奏をつけたいと思った。

〔資料⑧〕

32. *La mèr' Michel*

ミシェルおばさん

1. C'est la mèr' Michel qui a perdu son chat,

   Qui crie par la fenêtre à qui le lui rendra.

   C'est le pèr' Lustucru qui lui a répondu :

   "Allez, la mèr' Michel, votr' chat n'est pas perdu."

   ミシェルおばさんのネコがいなくなった、

   ネコちゃんを返して、とおばさんは窓から叫んだ。

   返事をしたのはリュステュクリュ爺さんだ、

   「まあまあ、ミシェルおばさんや、おまえさんの

   ネコはいなくなったんじゃないよ」

   ［Refrain］

   Sur l'air du tra la la la

   Sur l'air du tra la la la

   Sur l'air du tradé-ri-dé-ra tra-la-la.

   ［ルフラン］

   トラララの節で

   トラララの節で

   トラデリデラ、トラララの節で

2. C'est la mèr' Michel qui lui a demandé :

   "Mon chat n'est pas perdu, vous l'avez donc trouvé ?"

   C'est le pèr' Lustucru, qui lui a répondu :

   "Donnez un' récompense, il vous sera rendu."

   ミシェルおばさんはリュステュクリュ爺さんに

たずねた、

「あたしのネコちゃんはいるのね、あんたが
見つけたんだね？」

そしたらリュステュクリュ爺さんがこたえた、

「ご褒美をおくれ、ネコを返してやるからさ」

3. Alors la mèr' Michel lui dit : "C'est décidé,

Si vous rendez mon chat, vous aurez un baiser."

Mais le pèr' Lustucru, qui n'en a pas voulu,

Lui dit : "Pour un lapin votre chat s'ra vendu."

そこでミシェルおばさんはいった、「決めた、
あたしのネコちゃんを返してくれるんなら、
キスしたげるわ」

でもリュステュクリュ爺さんはキスなどほしく
なかったので、

こういった、「おまえさんのネコは、ウサギと
引き換えに売ってしまうよ」

〔資料⑪〕

　歌詞は、1820年頃、パリのマリオネット劇場でのファルス
（笑劇）用に書かれた。曲は、1693年に作曲された軍隊行進曲
『ああ！　もしあなたがカティナ殿にお目にかかっていたら』(*Ah!
Si vous aviez vu Monsieur de Catinat*) に依っている。同年に、ニコ
ラ・ドゥ・カティナ（Nicolas de Catinat）元帥がサヴォワ公と戦
い、マルセイユで勝利を収めたことを褒めたたえて作曲されたも
のだ〔資料⑮〕。

この歌で、子どもの興味をまず引くのは、ミシェルおばさんではなく、むしろリュステュクリュ爺さんだろう。他人の飼いネコと知っていながら、ウサギを手に入れるため売ってしまおうというのだから。爺さんに現代風のモラルはない。

　いったいこのリュステュクリュ爺さん、何者なのだろう？　ガリマール・ジュネス社からでている童謡絵本のイラストを見ると〔資料Ⅱ-4〕、レストランの主人（restaurateur）が、といっても田舎の旅籠屋の名もなき料理人（aubergiste）がモデルだそうだが、白い服と前掛けに、白いコック帽を被り、──山高だから「シェフ」だろう、──後ろ手にフライパンを隠しもって、そのなかにはなんとネコが収まっているではないか！　窓辺のミシェルおばさんからは、まったく見えない。ご丁寧に、《この旅籠で、隣人のネコしか食べられなかったとしても、まだ運がいいほうだ！》なんて、恐ろしい文章が添えられている。しかし歌詞によれば、このあと「ネコ」を「ウサギ」と交換する筋立てになっているから、リュステュクリュ爺さんが実際に料理するのは、「ウサギ」ということになる。そして、この「リュステュクリュ爺さん」＝「料理人」説は、YouTube の画像でも２種見ることができたから、かなり一般的なのだろう。ただの爺さんで描かれている動画もあったが、その場合の職業はわからない。

　次に子どもたちの興味が向かうのは、ネコの行く末ではないだろうか？　身近な慣れ親しんだ動物は、ヨーロッパでは、ほぼみな食用ということを念頭に置けば、ネコもどこかでウサギ同様の運命をたどったのかもしれない……、などと想像を巡らせていたとき、フランス文学者高岡厚子氏の記述に目が留まった。《この

歌には 10 種類ほどのヴァリエーション》があり、そして、その
なかに《「ネコは吊るされた」「ネコは吊るされるだろう」》とい
った、《さらに残酷な内容》のものもあるとのことだ〔『フランス
の歌いつがれる子ども歌』大阪大学出版会〕。

とすれば、ウサギもネコも、予想どおり待ち受ける未来はどち
らも「死」だ。フランスの子どもたちは、この歌からいったいな
にを学ぶのだろう、という抹香臭いことはいうまい。

なお、高岡厚子氏によれば、リュステュクリュ爺さんの職業
も、料理人以外に、モンヴェルの挿絵では総菜屋 (traiteur)、フ
ルーリックの挿絵では肉屋 (rotisseur) になっているそうだから、
フランス人もいろいろに読み解いているのだろう。

おばさんのキスよりネコを選ぶ、——若い美しい娘だったら、
確実に話の筋は違っただろうけど、——リュステュクリュ爺さん
の言い分もわかる。この名前「リュステュクリュ」Lustucru は、
17 世紀以後のシャンソンに現れはじめた。動詞 croire の接続法
大過去形《L'eusses-tu cru》、つまりは条件法過去第 2 形、——
発音は同音の「リュステュクリュ」、意味は「あんたがそう思っ
たのなら / あんたがそう思ったにしても」、——を踏まえての言
葉遊びで、「リュステュクリュ」爺さんとうたうたびごとに、
「(ミシェルおばさんよ) あんたがそう思ったのなら / あんたがそ
う思ったにしても」が、頭のなかで、自動的に同時にハモる仕掛
けだ。

けっこう残酷な内容なのに、子どもにも、気楽に楽しめるの
は、陽気なメロディに加え、ルフラン部の軽やかなリズムのおか
げもある。意味のない文字の羅列だけど。

いやそれだけではない、子どもには、案外と残酷な一面がある
ものだ。生物の本性だろう。100パーセント純真などという思い
こみは避けたほうがいい。小さな体と心で、架空の歌世界で、精
一杯、公然と、リュステュクリュ爺さんに共感しておくのも悪く
ない。カタルシスになるだろうから。

なお、リュステュクリュ爺さんの名前の由来を、ルイ14世治
政初期の1662年に、重税を課せられることに反抗し虐殺された
ブーローニュ゠シュル゠メールの住民による「リュステュクリュ
の反乱」（La révolte des Lustucru）に求める説もあるが〔資料⑮〕、
シャンソン『ミシェルおばさん』の歌詞内容との関連がみいだせ
ない。無視していいだろうと思う。

〔資料II - 4〕

33. *Un petit cochon*
コブタが1匹

Un petit cochon

Pendu au plafond

Tirez-lui le nez

Il donnera du lait

Tirez-lui la queue

Il pondra des œufs

Tirez lui plus fort

Il donnera de l'or

Combien en voulez-vous?

– 5 （ou un autre chiffre）

– 1, 2, 3, 4, 5 !

　　　コブタが1匹

　　　天井に吊るされている

　　　鼻を引っぱったら

　　　ミルクをくれるよ

　　　シッポを引っぱったら

　　　タマゴを産むよ

　　　もっとつよく引っ張ったら

　　　金を生みだすよ

　　　あんたたち、金をいくつほしいの？

　　　「いつつ」（あるいは、別な数字でもよい）

　　　「ひとつ、ふたつ、みっつ、よっつ、いつつ！」

〔資料⑯〕

195

作詞作曲不詳。コブタの鼻を引っぱるとミルクがでてきて、シッポを軽く引っぱるとタマゴが、もっと強く引っぱると金をお尻からだしてきた。打ち出の小槌みたいなコブタ。そこにどんなメッセージが込められているのだろう。幼い子どもの夢の世界を覗いてみたい。コンティーヌだから、うたいながら、踊りながら、数を覚えるのだ。

〔資料Ⅱ-7〕

34. *Pomme de reinette et pomme d'api*
レネットリンゴとアピリンゴ

Pomme de reinette et pomme d'api

Petit api rouge

Pomme de reinette et pomme d'api

Petit api gris

Cache tes pouces derrière ton dos

Si tu ne veux pas un coup d'marteau...

　　　レネットリンゴとアピリンゴ

　　　小さな赤いアピリンゴ

　　　レネットリンゴとアピリンゴ

　　　小さな灰色のアピリンゴ

　　　あんたの背後に両手の親指をお隠し

　　　ハンマーでたたかれたくないならね……

〔資料⑬⑰〕

　作詞作曲・年代不詳のコンティーヌ。reinette は「レネット、香りの強いデザート用リンゴ」、api は「アピ、半面が赤く半面が白い小リンゴ」で、ローマにこのリンゴをもたらした Appius（アッピウス）の名に由来する〔『ロワイヤル仏和中辞典』旺文社〕。

　ヴァリアントはたくさんある。歌詞の 2、4 行目の《Petit api rouge[gris]》は、《Tapis tapis rouge [gris]》（赤い［灰色の］じゅうたん）とうたわれることも多い。その場合、YouTube の動画では、草原に広げられた赤いじゅうたんのうえには赤いリンゴが、灰色のじゅうたんのうえには灰色のリンゴが描かれている。

しかし、本来は《D'api d'api rouge[gris]》（アピの赤い［灰色の］アピの）とうたうのが正しいそうだ〔資料⑮〕。

Pomme de reinette et pomme d'api

D'api d'api rouge

Pomme de reinette et pomme d'api

D'api d'api gris

Cache ton poing derrière ton dos

Ou j'te donne un coup d'marteau…

レネットリンゴとアピリンゴ

アピの赤いアピの

レネットリンゴとアピリンゴ

アピの灰色のアピの

背後にこぶしをお隠し

でないと、あんたをハンマーでぶつよ……

　遊び方は、まず、両手でこぶしを作り、歌のリズムにあわせて、交互にこぶしとこぶしを上下に打つ。そして、「背後にこぶしを隠せ」の声で、一方のこぶしを背中に回し、それからそのこぶしをだしてきて、最後の音節にあわせてもう一方のこぶしをぶつ。あたかもハンマーでたたくように。

　もともとこのシャンソンには、前段部分が存在した。アドルフ・オラン（Adolphe Orain）が、1897年にブルターニュ地域圏のイル＝エ＝ヴィレーヌ（Ille-et-Vilaine）県で採集した歌詞は、次のようだった〔資料⑯〕。

Je suis fruitière,

Bon éventaire,

Ma mère en mourant

M'a laissé cent francs.

C'est à la halle

Que je m'installe,

C'est à Paris

Que je vends des fruits.

Pommes de reinette

Et pommes d'apis,

D'apis, d'apis rouge,

Pommes de reinette

Et pommes d'apis,

D'apis, d'apis gris.

あたしは果物屋さん、

いい物売り台でしょ、

あたしの母が亡くなるさいに

あたしに 100 フラン残してくれたの。

卸売市場でよ

あたしが店を開くのは、

パリでよ

あたしが果物を売るのは。

レネットリンゴと

アピリンゴ、

アピの、赤いアピの、

レネットリンゴと

アピリンゴ、

アピの、灰色のアピの。

35. *Gentil coqu'licot*
かわいいヒナゲシ

1. J'ai descendu dans mon jardin (*bis*)

   Pour y cueillir du romarin.

   あたしは庭に降り立った

   ローズマリーを摘むために。

   ［Refrain］

   Gentil coqu'licot, Mesdames,

   Gentil coqu'licot nouveau !

   ［ルフラン］

   かわいいヒナゲシよ、奥様方、

   かわいいヒナゲシよ、咲きでたばかりの！

2. Pour y cueillir du romarin (*bis*)

   J' n'en avais pas cueilli trois brins.

   ローズマリーを摘むために

   3茎も摘まないうちに。

3. J' n'en avais pas cueilli trois brins (*bis*)

   Qu'un rossignol vint sur ma main.

   3茎も摘まないうちに

   ナイチンゲールがやってきて手にとまり。

4. Qu'un rossignol vint sur ma main (*bis*)

   Il me dit trois mots en latin.

　　　　ナイチンゲールがやってきて手にとまり
　　　　ラテン語で三言あたしにはっきりとこういったの。

5. Il me dit trois mots en latin (*bis*)

　Que les homm's ne valent rien.
　　　　ラテン語で三言、あたしにはっきりとこういったの
　　　　男たちは、くだらない。

6. Que les homm's ne valent rien (*bis*)

　Et les garçons encor bien moins !
　　　　男たちは、くだらない
　　　　若い男たちは、なおさらだ！

7. Et les garçons encor bien moins ! (*bis*)

　Des dames, il ne me dit rien.
　　　　若い男たちは、なおさらだ！
　　　　ご婦人方については、なにもいわなかったわ。

8. Des dames, il ne me dit rien (*bis*)

　Mais des demoisell's beaucoup de bien.
　　　　ご婦人方については、なにもいわなかったわ
　　　　でも若い娘さんたちには、いいところがいっぱいと。

〔資料⑦〕

　作詞作曲不詳。ピエール・ショメイユは、この陽気な節と茶目っ気あふれる歌詞は、ルイ15世（在位1715-74）の頃に、「フランスの庭」(le Jardin de la France) と呼ばれるトゥーレーヌ地方で

生まれたという。王は、豪奢なお城で余暇を過ごしながら、ナイチンゲールの優しい助言に耳を傾けたに違いないと、推測している。〔資料⑦〕

　それにしても、このシャンソンの主人公 1 人称「私」は男性か、女性か?……、紹介したオリジナル版では、文法的に決め手はない。だが、資料⑦のロラン・サバティエの挿絵では、顔は描かれていないが、明らかに女性と思われるしなやかな手の甲にナイチンゲールがとまり、なにかを告げようとしている。また、You Tube のアニメも、すべてうたっている映像は女性だ。

　ところで、冒頭の詩句 J'ai descendu dans mon jardin は、現代フランス語文法では間違いだ。そこで、子どもたちが疑問をもたないようにとの配慮から、Je suis descendu dans mon jardin と書き換えた版もある〔資料⑯〕。さらにご親切にも、J'ai が一音節なので、二音節 Je suis を J'suis と一音節になるよう工夫してもいる。うたう際には、微妙にデリケートになるが、やむを得ないだろう。しかも、この資料⑯では、Je suis descendu で、Je suis descendue ではないから、——過去分詞に e がついていないから、——1 人称「私」は男性になっている。ただ、J'suis descendu も、J'suis descendue も、音声はまったく一緒なので、うたっているだけなら、結局、男性・女性のどちらともとれるから、ややこしい。

　それにひきかえ、ジャン = クロード・クラン説は明快だ〔資料③〕。この歌のテーマは、17 世紀に現れたもので、「美女 (la belle)」と愛の使者であり知恵の声の伝達者でもある「ナイチンゲール」との「庭園」での出会いにあるという。なら 1 人称は、

間違いなく「女性」だ。

　実際、シャンソンの「舞台」＝「庭」は、魔法をかけられたような魅惑にみちている。ナイチンゲールはラテン語を話すし、ヒナゲシは可愛いらしくて優しいし、ローズマリーは美女の象徴、いや化身だし……。

　ちなみに、最終的にいま現在の歌詞に確定したのは、ジャン＝バティスト・ヴェケルラン（Jean-Baptiste Weckerlin）で、1870年のことだという〔資料⑮〕。

　歌詞のフランス語は、字義どおりの意味とすれば簡単だが、歌詞4~5番の《Il me dit trois mots en latin》はどうだろう。直訳すれば、「ナイチンゲールはあたしにラテン語で三言しゃべった」となる。なにを三言？　それもラテン語で！

　それは、歌詞６番（男たちは、くだらない／若い男たちは、なおさらだ）と、歌詞８番（若い娘さんたちには、いいところがいっぱい）でわかる。

　また、フランス語で《Dire deux [quatre] mots à qn》（ひとに二言［四言］いう）といえば、「ひとを叱りつける、ひとにはっきりいってやる」の意味だ。「三言」（trois mots）は慣用として使わないようだが、ここの《dire trois mots》にも「はっきりという」のニュアンスがこめられているのではないか。結果、この数字の「三」は、歌詞2~3番の「3茎」（trois brins）の数字とも呼応することになった。

　なお、知恵の伝達者ナイチンゲールであれば、その鳴く声がラテン語に聞こえてもおかしくはない！

36. *Ne pleure pas, Jeannette*
泣くな、ジャネット

1. Ne pleure pas, Jeannette,

   Tra la la la la la la la la la la la,

   Ne pleure pas, Jeannette,

   Nous te mari-e-rons. (*bis*)

   　　　　泣くな、ジャネット、

   　　　　トラ・ラララララララララララ

   　　　　泣くな、ジャネット、

   　　　　おまえを結婚させてあげるから。

2. Avec le fils d'un prince...

   Tra la la la la la la la la la la la,

   Avec le fils d'un prince...

   Ou celui d'un baron. (*bis*)

   　　　　王の息子と

   　　　　トラ・ラララ……

   　　　　王の息子と

   　　　　さもなくば、男爵の息子と。

3. Je ne veux pas d'un prince...

   Tra la la la la la la la la la la la,

   Je ne veux pas d'un prince...

   Encore moins d'un baron. (*bis*)

   　　　　あたし、王子なんていらない

   　　　　トラ・ラララ……

あたし、王子なんていらない
ましてや男爵の息子なんか。

4. Je veux mon ami Pierre...

Tra la la la la la la la la la la la la

Je veux mon ami Pierre...

Celui qu'est en prison. (*bis*)

　　　あたし、恋人のピエールがほしいの
　　　トラ・ラララ……
　　　あたし、恋人のピエールがほしいの
　　　いま牢屋にいるわ。

5. Tu n'auras pas ton Pierre...

Tra la la la la la la la la la la la la

Tu n'auras pas ton Pierre...

Nous le pendouillerons. (*bis*)

　　　おまえのピエールはやれないぞ
　　　トラ・ラララ……
　　　おまえのピエールはやれないぞ
　　　吊るし首にするんだから。

6. Si vous pendouillez Pierre...

Tra la la la la la la la la la la la la

Si vous pendouillez Pierre...

Pendouillez-moi z'avec. (*bis*)

　　　ピエールの首を吊るすなら
　　　トラ・ラララ……

ピエールの首を吊るすなら
あたしもいっしょに吊るしてよ。

7. Et l'on pendouilla Pierre...

Tra la la la la la la la la la la la la

Et l'on pendouilla Pierre...

Et sa Jeannette avec. (*bis*)

そして、ピエールの首は吊るされた
トラ・ラララ……
そして、ピエールの首は吊るされた
いっしょにジャネットの首も。

〔資料⑬〕

　作詞作曲不詳。恋人どうしの首が吊るされる、なんとも残酷な話だ。牢獄にいるピエールは、いったいなにもので、いったいなにをしたというのだろう……、それはどこにも語られていない。

　ジャン＝クロード・クランによれば、この歌が、ほぼ現在の歌詞で現れたのは、19世紀末の軍歌集のなかで、両大戦間の1930年頃には若者のあいだで、そして戦後は林間学校の行進曲として、例をみないほど広まったという〔資料③〕。結末の残酷さにもかかわらず、だ。

　歌詞のくだけた口調、単純で軽快な旋律とリズム、王子や男爵といった権力者をあざけり、周囲に妨げられながらも一途に恋を押しとおすヒロインのけなげさ、――なのに、待ち受けていたのは恋人ふたりの悲劇。すべての要素のそろった、このわかりやすいメロドラマが、子どもに若者に受けないはずがない。ただ、普及しすぎた副作用か、世の教育者たちからはメロディが《凡庸

だ》との不興をかい、――平明さの裏返しなのに、――この歌の
「元歌」のほうがいい、などとケチをつけられる始末。

　なら、その元歌だ。マルティーヌ・ダヴィッドとアンヌ＝マ
リ・デルリューによれば、12 世紀のある「紡ぎ歌」(chanson de
toile) まで遡れるという〔資料②〕。歌詞の概略はこうだ、――美
しい娘アムロ (Amelot) は、母が聞いているとも知らず、恋し
いガラン (Garin) を夫にと神に願う。母は、ジェラール公爵か
アンリ伯爵を願い、父もそれを望んでいるという。だが、娘の深
い嘆きと苦悶を知った母は、気が変わり、ふたりを添わせてやろ
うと勇敢なガランのもとに行き、娘の気持ちを伝える。そして、
たくさんの銀と純金を与えたおかげで、領主の承諾のもと、ふた
りは結婚できた。
　ガランは、多分、ひじょうに貧しいうえ、捕らわれの身だった
のだろう。なので、娘の母はガラン解放のために大量の保釈金を
払ったと推測される。

＊

すぐにも気づくことだが、この元歌はハッピーエンドだ。だ
が、15 世紀になると、大筋は同じでも、娘の恋人の首が《明日
の夜明けには》吊るされるだろうという、結末の悲劇的な歌が現
れる。16 世紀には、もっと具体的に、娘の結婚相手に、伯爵か
男爵か領主かが提示されるが、それでも娘は「あたしの恋人ピエ
ール」を望むと申し立て、ここで初めて「ピエール」という庶民
の名前が導入される。このヴァージョンが発展して、現在に伝わ
ってきたのが 1761 年版の『ラ・ペルネット』(La Pernette) だ。
ヒロインの名「ペルネット」が、男性名「ピエール」(Pierre) に
対応する女性名「ピエレット」(Pierrette) の愛称ということも、

どこかで関連があるのだろう、多分。

　そこで、シャンソン『ラ・ペルネット』を、1761 年に出版された歌詞で、少し長いが紹介しておこう〔資料⑬〕。

La Pernette

1. La Pernette se lève

   Tra-la la la la la la la la la

   La Pernette se lève

   Trois heures avant le jour. (*ter*)

   　　　　ペルネットが起きる

   　　　　トラ・ラララララララララ

   　　　　ペルネットが起きる

   　　　　夜が明ける 3 時間前に

2. Elle prend la quenouillette

   Tra-la la la la la la la la la

   Elle prend la quenouillette,

   Avec son petit tour. (*ter*)

   　　　　ペルネットが糸巻き棒を手にする

   　　　　トラ・ラララ……

   　　　　ペルネットが糸巻き棒を手にする

   　　　　小さな糸車と一緒に

3. À chaque tour qu'elle vire

   Tra-la la la la la la la la la

   À chaque tour qu'elle vire,

Pousse un soupir d'amour. (*ter*)

　　　糸車を回すたびごとに

　　　トラ・ラララ……

　　　糸車を回すたびごとに

　　　恋の溜め息をつく

4. Sa mère lui demande :

Tra-la la la la la la la la la

Sa mère lui demande :

《Pernette, qu'avez-vous ? (*ter*)

　　　お母さんが尋ねる

　　　トラ・ラララ……

　　　お母さんが尋ねる

　　　《「ペルネットや、どうしたんだい？

5. Avez-vous mal de tête

Tra-la la la la la la la la la

Avez-vous mal de tête

Ou bien le mal d'amour ? (*ter*)

　　　頭が痛いのかい

　　　トラ・ラララ……

　　　頭が痛いのかい

　　　それとも恋煩いかい？」

6. ─ N'ai pas le mal de tête

Tra-la la la la la la la la la

─ N'ai pas le mal de tête

Mais bien le mal d'amour. (*ter*)

　　「頭痛じゃないの」

　　トラ・ラララ……

　　「頭痛じゃないの

　　恋煩いなの」

7. ― Ne pleurez pas, Pernette,

Tra-la la la la la la la la la

― Ne pleurez pas, Pernette,

Nous vous marierons. (*ter*)

　　「泣くんじゃないよ、ペルネット」

　　トラ・ラララ……

　　「泣くんじゃないよ、ペルネット

　　おまえを結婚させてあげる。

8. Avec le fils d'un prince

Tra-la la la la la la la la la

Avec le fils d'un prince

Ou celui d'un baron. (*ter*)

　　王の息子と

　　トラ・ラララ……

　　王の息子と

　　さもなくば、男爵の息子と」

9. ― Je ne veux pas d'un prince

Tra-la la la la la la la la la

― Je ne veux pas d'un prince

Ni du fils d'un baron.（*ter*）

　　　「あたし王子なんてほしくない」
　　　トラ・ラララ……
　　　「あたし王子なんてほしくない
　　　男爵の息子もよ。

10. Je veux mon ami Pierre,

　Tra-la la la la la la la la la

　Je veux mon ami Pierre,

　Qui est dans la prison.（*ter*）

　　　あたし、恋人のピエールがほしい、
　　　トラ・ラララ……
　　　あたし、恋人のピエールがほしい、
　　　いま牢屋にいるの」

11.　─ Tu n'auras pas ton Pierre,

　Tra-la la la la la la la la la

　─ Tu n'auras pas ton Pierre,

　Nous le pendoulerons.（*ter*）

　　　「おまえのピエールは諦めるの」
　　　トラ・ラララ……
　　　「おまえのピエールは諦めるの
　　　吊るし首にするんだから」

12.　─ Si vous pendoulez Pierre,

　Tra-la la la la la la la la la

　─ Si vous pendoulez Pierre,

Pendoulez-moi aussi. (*ter*)

　　　「もしピエールの首を吊るすなら」

　　　トラ・ラララ……

　　　「もしピエールの首を吊るすなら

　　　あたしも吊るしてよ。

13. Au chemin de Saint-Jacques,

　　Tra-la la la la la la la la la

　　Au chemin de Saint-Jacques,

　　Enterrez-nous tous deux. (*ter*)

　　　　サン゠ジャックへ向かう道に、

　　　　トゥラ・ラララ……

　　　　サン゠ジャックへ向かう道に、

　　　　あたしたちふたりを埋めてくださいな。

14. Couvrez Pierre de roses ,

　　Tra-la la la la la la la la la

　　Couvrez Pierre de roses,

　　Et moi de mille fleurs. (*ter*)

　　　　ピエールをバラの花で覆ってよ、

　　　　トラ・ラララ……

　　　　ピエールをバラの花で覆ってよ、

　　　　そしてあたしはたくさんの花々で。

15. Les pèlerins qui passent

　　Tra-la la la la la la la la la

　　Les pèlerins qui passent

Se mettront à genoux, (*ter*)

　　通りすがりの巡礼者たちが

　　トラ・ラララ……

　　通りすがりの巡礼者たちが

　　ひざまずくでしょう、

16. Diront : Que Dieu ait l'âme

　Tra-la la la la la la la la la

　Diront : Que Dieu ait l'âme

　Des pauvres amoureux; (*ter*)

　　こういうでしょう、神が霊魂の御許にあらんことを

　　トラ・ラララ……

　　こういうでしょう、神が霊魂の御許にあらんことを

　　この哀れな恋人たちの。

17. L'un pour l'amour de l'autre,

　Tra-la la la la la la la la la

　L'un pour l'amour de l'autre,

　Ils sont morts tous les deux.》 (*ter*)

　　相思相愛だった、

　　トラ・ラ・ラ……

　　相思相愛だった、

　　ふたりとも亡くなりました、と」》。

　これを見ても分かるように、*Ne pleure pas, Jeannette* は、*La Pernette* の歌詞の前後を省き、まんなか辺りをとりだしたものにほぼ等しい。ただ微妙なのは、baron の訳語だ。フランスの貴族

制度は時代によりかなり変化している。中世なら、地位の高い「騎士」、あるいは国王から直接下賜された土地を持つ「領主」に相当する〔『ロワイヤル仏和中辞典』旺文社〕。18世紀以降なら、下級貴族だ。『ラ・ペルネット』の元歌が中世にまで遡れるとして「領主」と訳すか、1761年時点で考えて「男爵」とするか、……一応、後者を採用した。

　このシャンソン『ラ・ペルネット』は、中世以来のヨーロッパの伝統的な文学ジャンル、「愛と死」を思い起こさせる。ただ、背景、真相とも不明のまま、ヴァリアントだけは各地方に数多ある。ある地方では、遠くは中世のフィリップ４世美麗王の治世（在位1285-1314）に、王の国庫と塩税に対して反乱を起こし、捉えられ首を吊られた農夫「ピエール」のことだとの伝説が生まれた〔資料②〕。また、近くはフランス革命期にヴァンデ地方で起こった反乱（1793.3-1796.3）を背景にした悲劇ともいわれた。が、これは明らかに後付け解釈だ。

　歌中の《サン＝ジャックへ向かう道》とは、「巡礼者」という言葉と合わせ、スペインのガリシア地方、サンティアゴ＝デ＝コンポステラ（サン＝ジャック＝ドゥ＝コンポステル）への途上のことだろう。処刑になったものは、正式に墓地に葬ることができない。《通りすがりの巡礼者》なら、祈りを捧げてくれるだろうから……。

　ところで、ジャン＝クロード・クランによれば、伝承シャンソンは、各時代に、いくつかの《象徴的な名前（プレノン）》を据えてきたという。たとえば、ルノー、フォンション、マリオン、ジャネット、ジャンヌトン……等々だ。これらの名前の運命は、《あるときは全国的、あるときは地方にかぎっての普及》だった

ようだが〔資料③〕。

「ピエール」という名は、19世紀になって、いくつものシャンソンに登場する栄に浴している。たとえば、ここに挙げた *Ne pleure pas, Jannette* （泣くな、ジャネット）以外にも、*Pierre de Grenoble* （グルノーブルのピエール）、*Le Gars Pierre* （ピエール少年）などがあるが、いずれも第2次世界大戦中、及びフランス解放後に、大流行したという。名前も、それぞれに担う「意味」と「意義」があるのだろう。

〔資料Ⅱ-3〕

37. *La boulangère a des écus*
   パン屋の娘はお金持ち

1. La boulangère a des écus
   Qui ne lui coûtent guère.　　　　　} (*bis*)
   Elle en a, je les ai vus,
   J'ai vu la boulangère
   Aux écus,
   J'ai vu la boulangère.

   　　　パン屋の娘はお金持ち
   　　　ほとんど苦労もせずに貯めた。
   　　　エキュ銀貨を沢山もっている、私はそれを見た、
   　　　私はパン屋の娘を見た
   　　　エキュ銀貨をもっているのを、
   　　　私はパン屋の娘を見た。

2. —D'où viennent tous ces écus
   Charmante boulangère ?　　　　　} (*bis*)
   — Ils me viennent d'un gros Crésus
   Dont je fais bien l'affaire,
   Vois-tu,
   Dont je fais bien l'affaire.

   　　　「このエキュ銀貨はすべて、どこからきたの
   　　　魅力的なパン屋の娘さん?」
   　　　「クロイソスみたいな大金持ちからよ
   　　　あたし、そのひとにとても気に入られているの、
   　　　わかるでしょう、

あたし、そのひとにとても気に入られているの。

3. À mon four aussi sont venus

De galants militaires.   }(bis)

Mais je préfère les Crésus

À tous les gens de guerre,

Vois-tu,

À tous les gens de guerre.

　　あたしのパン焼き窯にやって来たわ

　　粋な軍人さんたちも。

　　でも、あたしはクロイソスみたいなお金持ちが好き

　　すべての兵隊さんよりもね、

　　わかるでしょう、

　　すべての兵隊さんよりもね。

4. Des petits-maîtres sont venus

En me disant : « Ma chère,   }(bis)

Vous êtes plus belle que Vénus. »

Je n'les écoutais guère,

Vois-tu,

Je n'les écoutais guère.

　　伊達男たちがやってきたわ

　　あたしにこういいながら、愛しいひと、

　　あなたはヴィーナスより美しいよ、って。

　　あたし、そんな連中にほとんど耳も貸さなかった、

　　わかるでしょう、

　　あたし、そんな連中にほとんど耳も貸さなかった。

5. Des abbés coquets sont venus

   Ils m'offraient pour me plaire   } (*bis*)

   Des fleurettes au lieu d'écus.

   Je les envoyais faire,

   Vois-tu,

   Je les envoyais faire.

   　　神父さんたちが色男を装ってやってきたわ

   　　あたしの気にいられようと、贈り物をくれたものよ

   　　エキュ銀貨のかわりに、小さな花々を。

   　　あたし、神父さんたちを追い払ったわ、

   　　わかるでしょう、

   　　あたし、神父さんたちを追い払ったわ」

6. ― Moi, je ne suis pas un Crésus

   Abbé ni militaire.   } (*bis*)

   Mais mes talents sont bien connus,

   Boulanger de Cythère,

   Vois-tu,

   Boulanger de Cythère.

   　　「ぼくはね、クロイソスみたいな金持ちじゃないし

   　　神父でも、軍人でもない。

   　　でも、ぼくの才能はよく知られてるよ、

   　　キュテーラ島出身のパン屋なんです、

   　　わかるでしょう、

   　　キュテーラ島出身のパン屋なんです。

7. Je pétrirai le jour venu

Notre pâte légère.   } (*bis*)

Et la nuit, au four assidu,

J'enfournerai, ma chère,

Vois-tu,

J'enfournerai, ma chère.

夜が明ければ、ぼくは練るつもりです

ぼくたちの薄いパン生地を。

そして夜には、勤勉な焼き窯に、

パン生地を入れるつもりです、愛しいひと、

わかるでしょう、

パン生地を入れるつもりです」

8. — Eh bien! épouse ma vertu,

Travaill' de bonn' manière.   } (*bis*)

Et tu ne seras pas déçu

Avec la boulangère,

Aux écus!

Avec la boulangère.

「いいわ！　貞節なあたしと結婚して下さいな、

良いやり方でパン生地を、おこねになって。

そして失望なんてなさらないでね

パン屋の娘と一緒になって

エキュ銀貨をもった！

パン屋の娘と一緒になって」

タイトルのフランス語《boulangère》は、《boulanger》（パン屋）の女性形なので、ふつうなら「パン屋の女房」、あるいは「パン屋の女将」だろう。だが、このシャンソンにかぎれば、様々な職種の男から求婚される立場、要するにそうした適齢期の女性が主人公なので、「パン屋の娘」と訳した。フランツ・シューベルトの歌曲集『美しき水車小屋の娘』（*Die schöne Müllerin*, op. 25, D795）のフランス語訳が《*La Belle Meunière*》（美しい粉屋の娘）と、《meunier》（粉屋）の女性形で仏訳されていたことを思いだした。

　マルタン・ペネによれば、1738年にニコラ・ガレ（Nicolas Gallet）が作詞。作曲者は不詳だが1720年頃だという。マルティーヌ・ダヴィッドとアンヌ＝マリ・デルリューは、クリストフ・バラールの *Rondes et chansons à danser*（ダンス用のロンドとシャンソン、1724年）所収の *La boulangère* というコントルダンス曲からの借用だという。
　ニコラ・ガレは、フィリップ・ドルレアン（Philippe d'Orléans）の摂政時代（1715-23）の淫らで浮気っぽい風潮のなかで生きただけに、全曲深読みすれば、なかなか奔放な歌詞だが、通り一遍ではわからない。歌詞番号は、以下の考察の便宜のために付したもので、本来はない。そのうえでの歌詞1番だけが、何度もくり返しうたわれているうちに、結局、この歌詞だけがひとの記憶に残るようになり、やがて、子どものロンドとして有名になったという〔資料②〕。確かに、手元の童謡絵本には歌詞1番しかのっていない。

　ところで、タイトルにもでてくる「エキュ」（écus）だが、か

つてのフランスのコインのことで、1266年聖王ルイ9世によっ
て「エキュ金貨」（écus d'or）が鋳造され、1640年まで使用され
た。1640年にルイ13世によって「ルイ金貨」（Louis d'or）が鋳
造されたが、翌1641年には「エキュ」（écus）は新鋳造の「エキ
ュ銀貨」（écus d'argent）の名称になり、「白エキュ」（écus blanc）
と呼ばれるようになった。このシャンソンの作詞は1738年だか
ら、エキュは「銀貨」の時代だ。

　こうした金貨・銀貨の公定歩合は、時代によって異なる。《エ
キュ銀貨は、1641年3リーヴル，1726年以降6リーヴルであ
った》というが、フランス革命（1789年）以後、「エキュ」は姿
を消し、5フラン銀貨が「エキュ」と呼ばれたそうだ〔資料⑯〕。
リーヴル（livre）はフラン（franc）の俗称であったり、フランが
リーヴルの俗称であったりと時代により煩雑だが、ガレによる
作詞は18世紀なので、リーヴルはフランにほぼ同じだ。従っ
て、「1エキュ」＝約「6フラン」と考えてよい。これが21世紀も
2020年現在の日本円でいくらに相当するかと問われても、即答
できない。換算法があるようだが、いまは必要ないので触れない
でおこう。

　話を元に戻すが、歌詞1番冒頭の一句《La boulangère a des
écus》を直訳すれば、「エキュ」は銀貨なので、「パン屋の娘は、
多くのエキュ銀貨をもっている」となる。だが、ふつうは《avoir
des écus》で、平凡に「お金持ちだ」と訳してよい。

　歌詞2番のCharmante boulangère（魅力的なパン屋の娘さん）
は、おとぎ話にでてくるPrince Charmant（美しい王子様）、——
比喩的にいう、いわゆる「白馬の騎士」、——を連想させはしな

いだろうか？　多分、念頭に置いての表現の妙だろう。

　クロイソス Crésus（フランス語のクレジュス）は、小アジアのリディア王国最後の王で、ペルシャに滅ぼされた（BC546 年）。巨万の富を有していたことで知られ、「クロイソス」の名は、「富める者」と同義になった。現代フランス語で、《C'est un Crésus.》といえば、「彼は大金持ちだ」（＝ Il est riche comme Crésus.）という意味だ。

　歌詞 4 番の petits-maîtres（単数 petit-maître）は、「気取り屋、伊達男」のこと。ちなみに、petite-maîtresse は「気取った娘」を意味する。いずれも、古い表現。

　歌詞 5 番の coquets（単数 coquet）は、形容詞で「異性の気を引きたがる、色気を見せる、こびる」の意味。名詞化すると「色男」。

　fleurettes（単数 fleurette）も古い表現で、一義的には文字どおり「小さな花（々）」の意味だが、二義的に「口説き文句、甘い言葉」といった比喩的意味合いにも使われる。ここではどちらともとれるが、いまでは子どもの歌なので、神父が魅力的なパン屋の娘に贈ろうとしたのは、まずはイメージしやすい「小さな花々」と捉えておこう。YouTube の動画もそうだから。その素朴さが、実質的価値をもつ「エキュ銀貨」と対照的だ。

　ただ、神父はものを生産しない職種、抽象的な「ことば」＝「説教」が商品だ。そしてそこからうる実入りは、お布施＝献金。つまり、ふだん、金銭は一方的に与えられる側。それゆえ、与える側にまわったとき、具体的な「もの」が大切な相手に及ぼすストレートな効果と役割を理解しにくいだろう。結果、豪

華な花束など思いつかない。いや、自分の日頃の「ことば」を過信しているから、贈る側に回ったとき、物品はケチ臭くなる。

　ここで、もうひとつの解釈が見えてきた。fleurettes の二義的・比喩的な意味が、俄然、鮮明に浮かびあがる。神父が魅力的なパン屋の娘に贈ろうとしたのは、「小さな花々」ですらない。手ぶらで赴き、自信満々、自慢の「ことば」で、「甘い口説き文句」で、──ご本人たちがそう思っているだけだろうけど、──勝負したとも考えられる。とすれば、おそらく説教臭フンプンたるものだっただろう。これでは、生来、現実的な女性を落とせるはずがない。子どもも長ずるにつれて、「小さな花々」は、無益な「口説き文句」の喩えだったと、気づくことがあるかもしれない。

　歌詞６番の Cythère（シテール）は、ギリシャ・ペロポネソス半島南の地中海上に位置するシテール島のことで、ギリシャ語では「キュテーラ」(Kythera) という。泡から生まれたアプロディーテーが、西風に運ばれ、最初に流れ着いたのがこのキュテーラ島、ついでキュプロス島に達したという。こうした神話伝説から、キュテーラ島は、しばしばアプロディーテーの生まれ故郷とみなされた。また、後にローマ神話で同一視されるヴィーナスが、「愛と美の女神」であったことから、「愛の島」「ヴィーナスの島」のイメージが付与されることにもなった。シャンソンの歌詞４番で、「パン屋の娘」が「ヴィーナス」と比較され、それ以上に美しいと称賛されていたことを思いだそう。

＊

　さて、今日、保育園でも小学校でも輪踊り用の歌の定番になっているという『パン屋の娘はお金持ち』だが、よくわからない歌詞が含まれている。

歌詞1番《パン屋の娘はお金持ち／ほとんど苦労もせずに貯めた》、歌詞2番《「このエキュ銀貨はすべて、どこからきたの／魅力的なパン屋の娘さん？」／「クロイソスみたいな大金持ちからよ／あたし、そのひとにとても気に入られているの」》……と、子どもたちはなにも気にせず素直にうたうだろうが、「ほとんど苦労もせずに貯めた」「そのひとにとても気に入られているの」は、──文脈によっては、「とてもそのひとの役にたっているの［目的・希望にかなっているの］」とも訳せるフランス語だけに、──いったいなにを意味するのだろう？

　この謎を解くには、元歌にさかのぼる必要がある。マルティーヌ・ダヴィッドとアンヌ＝マリ・デルリューによれば、ベローヌ氏（le Sieur Bellone）のシャンソン集（1612年）のなかに、原型が見られるという。びっくりするだろうと同時に、謎も一瞬のうちに解ける。なお、この1612年当時の「エキュ」は、すでに説明したように「ルイ金貨」だ。

　　La belle Boulangère

　　A presté son devant

　　Avec une lingère

　　Pour avoir de l'argent,

　　Et leurs maris cocus

　　Cocus tous pleins de cornes

　　Vous amassez beaucoup d'escus.

　　　　美しいパン屋の女房は

　　　　自分の前を提供した

　　　　下着製造女といっしょに

　　　　お金を得るために、

そして寝取られ亭主たちよ

寝取られてみな角がいっぱいだが

あんたたちはたくさんのエキュ金貨を蓄えている。

〔資料②〕

　文学史上、いや実際にもそうだったが、ふしだらな浮気女、あるいは娼婦の代名詞にされるのが「水車（風車）小屋の女房」だが、ここでは、「パン屋の女房」「下着製造（販売）女」が、身を売って稼いでいる。農作業のような、炎天下、見た目にも厳しい汗水たらしての労働ではないだろうから、「ほとんど苦労もせずに」といえなくもないが、「とてもそのひとの役に立っている［目的・希望にかなっている］」のは真実だ。望むひとがいて、十全に応えてやるのだから、報酬は至極正当、女性の側が恥じることはないだろう。情けないのは、この場合、女房のヒモになり下がったコキュ（寝取られ男）のほうだ。

　ちなみに、コキュ（cocu）は、《カッコウ（coucou）の雌が卵を他の鳥の巣に産みつけるところから》派生した単語で、そのコキュの頭には何本か知らないが「角」がはえるといわれ、からかうときのジェスチャーは、《頭の上に２本の指を立てる》そうだ〔『ロワイヤル仏和中辞典』旺文社〕。実際には起こりえない現象だが、想像の世界では飛躍して、悪魔が２本の角をもった姿で表されるようになった。

　蛇足だが、ジャック・オッフェンバック（Jacques Offenbach,1819-80）は、このシャンソンから着想を得て、オペラ・ブッファ『パン屋の女将はお金持ち』を作曲した。台本はリュドヴィク・アレヴィとアンリ・メイヤックの共作だ。

〔資料Ⅱ-4〕

38. *Au clair de la lune*
   月明りのもとで

1. Au clair de la lune,

   Mon ami Pierrot,

   Prête-moi ta plume

   Pour écrire un mot.

   Ma chandelle est morte,

   Je n'ai plus de feu,

   Ouvre-moi ta porte

   Pour l'amour de Dieu.

   　　　月明りのもとで、

   　　　私の友人ピエロの姿が見える、

   　　　「貸してください、きみのペンを

   　　　ひとこと書くために。

   　　　ぼくのロウソクは消えてしまいましたし、

   　　　火もありません、

   　　　開けてください、きみのドアを

   　　　どうかお願いですから」

2. Au clair de la lune,

   Pierrot répondit :

   ― Je n'ai pas de plume,

   Je suis dans mon lit.

   Va chez la voisine,

   Je crois qu'elle y est,

   Car dans sa cuisine

On bat le briquet.

月明りのもとで、

ピエロは答えた、

「ぼくはペンをもっていないよ、

ベッドのなかにいるんだ。

隣の女の所へ行けば、

いると思うよ、

だって、台所で

火を打ちだしているから」

3. Au clair de la lune,

L'aimable Lubin

Frappe chez la brune;

Ell' répond soudain :

— Qui frapp' de la sorte ?

Il dit à son tour :

— Ouvrez votre porte,

Pour le dieu d'amour !

月明りのもとで、

愛すべきリュバンが

褐色の髪の女のドアをノックする、

とつぜん女が返事して、

「どなたなの、そんなふうにノックなさるのは？」

するとこんどはリュバンがいった、

「開けてください、あなたのドアを、

愛の神のために！」

4. Au clair de la lune,

On n'y voit qu'un peu !

On chercha la plume,

On chercha du feu.

En cherchant d'la sorte,

Je n'sais c'qu'on trouva,

Mais j'sais que la porte

Sur eux se ferma !

月明りのもとで、

見えるのはほんのわずか！

羽ペンを探した、

火を探した。

そんなふうに探して、

なにを見つけたかわからない。

私にわかるのは、ドアが

ふたりの後で閉まったこと！

〔資料⑪〕

　作詞作曲不詳。ジャン゠クロード・クランによれば、ルイ 15
世が亡くなった翌年 1775 年から 1780 年にかけてコントルダン
スとして流行った平易な曲に、その頃のだれかが歌詞をつけたも
のだという〔資料③〕。マルタン・ペネも、歌詞は 1780 年頃と記
しているから、時代的にはルイ 15 世の亡くなった直後ぐらいの
作だろう〔資料⑬〕。

　実際、愛と狩りにしか興味がなく、あだ名が「こよなく愛でら
れしもの」(le Bien-aimé) だったルイ 15 世の治世を彷彿させる
ような、大胆なエロティックなストーリーだ。メロディは、日本

でもよく知られ、子ども用のピアノの教則本にもでてくるようだ。

　この歌の登場人物は４人で、ピエロとリュバンと褐色の髪の女と、そしてこの３人の動きをどこかで見つめている１人称の「私」、——そう、歌詞４番末尾で、《私にわかるのは、ドアが／ふたりの後で閉まったこと！》と、正体を現す「私」。この「私」こそが、歌詞１番から４番までの語り手なのだ。

　なら、歌詞１番詩行２の《Mon ami Pierrot》の mon も、語り手「私」の所有形容詞「私の」でなければならない。多くの邦訳が、リュバンのピエロへの呼びかけと誤解して、《わたしの友だちのピエロさん》というふうに訳している。ひとつの文脈で、１人称「私」はこの世にひとりしかいない。歌詞４番で顔をだす「私」以外に「私」がいたら、ドッペルゲンガーだろう。だから、月明りのもとで、ピエロの姿を見ているのは、語り手の「私」。そしてそこへリュバンがやってきたという設定だ。ゆえに、歌詞１番の詩行 3-8 をリュバンのピエロへの語りかけと解し、対訳では、それを明確にするため会話の一重括弧（「」）を付した。そこをしっかり認めたうえで、歌詞１～４番からなる粗筋を書いてみよう。

　月明りのもと、「私」の友人リュバンがピエロを訪ねてきて、ペンと火を貸してほしいという。それなら、隣の女のところに行ってみてはどうだ、台所で火を打ちだす音がするから、とピエロが答える。リュバンは、隣の褐色の髪の女のドアをノックする、〈愛の神〉のために開けてよと。「私」には、開いたドアからふたりがペンと火を探している様子が垣間見えるが、やがてドアは閉まってしまう。

　不詳の作者の意図は不明だが、なんとなく、ピエロとリュバン
と褐色の髪の女の三角関係仕立てに思えてくる。いい仲で、いい
ことをしているのは、リュバンと褐色の髪の女。ピエロは、ひと
り悲しくベッドのなかだから……。

　改めて読み（聴き）直すと、歌詞３番で、褐色の髪の女がため
らうことなくリュバンをなかに引きいれたところを見れば、リュ
バンが訪ねる相手は最初からこの女だった、そして女のほうでも
リュバンが来ることは初めからわかって待っていた、ということ
は明白だ。

　なのに、なぜ、ピエロの家のドアに向かって《開けてくださ
い、きみのドアを／どうかお願いですから》と呼びかけたのだろ
う。

　単純に考えれば、訪ねる家のドアを間違えたのだ。女の家のド
アだと思って、ピエロの家のドアをノックしてしまったのだ。ピ
エロは驚いたろう。リュバンもまた内心慌てただろう。が、そこ
は色男の本領発揮、素知らぬ顔で女の家のドアに向かう。だか
ら、歌詞３番末尾の《Pour le dieu d'amour !》は、「愛の神にか
け て！」ではない、《「愛の神」＝「自分」のために！》開けてく
ださい、という意味だ。

　リュバンと褐色の髪の女の関係がわかれば、歌詞１番、歌詞４
番にでてくる、「ペン」（la plume）だとか、「火」（du feu）だとか
の不可解なことばの隠された意味もわかる。「ペン」はふたりが
愛をかわす舞台「羽ベッド」（lit de plume）の表象であり、「火」
はまぎれもなく「恋の激情」（du feu de l'amour）の比喩にほかな
らない。女は、男に恋い焦がれ、じりじりしながら待っていた。
歌詞２番でピエロがいっていたではないか、衝撃的な一句を、
――《だって、台所で／［女が］火を打ちだしているから》（Car

dans sa cuisine ／ On bat le briquet.） と。

　この直訳すれば「火打金を打つ」（battre le briquet）は、古い表現で「火を打ちだす」の意だが、転じて「女をくどく」の意味になる。次の場面で、確かに男は女をくどくだろうし、女はそれに応えて情火に身を焦がすだろう。予感どおりの艶めかしい光景は、歌詞4番が証明している、──《月明りのもとで／…／羽ペンを探した／火を探した》。あと、世界はふたりのために……、だ。

　ところで、リュバンがだれかは、爾来、問題になってきた。クレマン・マロ（Clément Marot）の詩、『修道士リュバンのバラード』（*La Ballade de Frère Lubin*）にでてくる背徳者リュバンに由来するとか、諸説あるようだが、衒学趣味のなせるわざで、すべて根拠はない。かなりな確率で妥当なのは、17世紀、18世紀のコメディで、ピエロとともにアルルカンとならんで非常にしばしば登場した人物名だからということ。それを裏づけるように、歌詞3番で、リュバンがアルルカンになっているヴァリアントがある〔資料⑬〕。

Au clair de la Lune

S'en fut Arlequin

Tenter la fortune,

Au logis voisin.

Qui frapp' de la sorte ?

Il dit à son tour :

Ouvrez votre porte,

Pour le dieu d'amour.

月明りのもとで

アルルカンは行った

一か八かやってみようと、

隣の家に。

どなたなの、そんなふうにノックするのは？

するとこんどはアルルカンがいった、

開けてください、あなたのドアを、

愛の神のために。

　ピエロとアルルカンとくれば、馴染みがある。連想するのは、
17世紀にイタリアからフランスに伝わった喜劇コンメディア・
デッラルテの官能的快楽の世界だ。色事師アルルカンと恋仲の女
は、浮気なコロンビーヌ。そして、ピエロは悲しく片思い。この
ピエロ像は、19世紀にジャン・ガスパール・ドゥビュロー（Jean
Gaspard Deburau, 1796-1846）によって完成され、一世を風靡す
る。顔に白い粉をぬり、円錐型の白い帽子をかぶり、灰色のズボ
ンをはき、灰色のマフラーをまいた、あのパントマイムの哀しく
も滑稽な主人公として……。

　が、それはいい。シャンソン『月明りのもとで』に戻れば、結
局、18世紀の定番喜劇を踏まえて、ある匿名作者が、ピエロと
リュバン（または、アルルカン）と、そしてコロンビーヌならぬ
褐色の髪の女を配して創造した恋愛遊戯の世界、といってよいだ
ろう。

　これで終わってよいのだが、件の「褐色の髪の女」（la brune）
がいる場所は、「隣の女」（la voisine）という表現で推し量るし
かない。これでは、「隣の家の女」なのか、「隣の部屋の女」な

のか、じつはわからない。じっさい、〈ピエロ／リュバン〉版で
は、どちらともとれる。これは大変だ。隣室にいる女とすれば、
ピエロの妻だろう。妻を寝取られた夫ということになる。しか
も、ピエロはリュバンが来ることを知っていた！

〈ピエロ／アルルカン〉版では、《アルルカンは行った／一か
八かやってみようと／隣の家に》(S'en fut Arlequin ／ Tenter la
fortune ／ Au logis voisin.) と、はっきり「隣家」と書いている。
ならふつうの三角関係と見ていいだろう。

　ん……、ほんとうにそれでいい？　まあ、庶民の話ならそれで
いいだろうが、この当時、貴族階級は夫婦が他人行儀で、別室
か、そうでなければ別棟に住んでいた。このシャンソン『月明り
のもとで』が、あくまで民衆レベルの滑稽さ、ペーソスに留まる
ものならそれでいい。しかし、万が一、当時の貴族の性的放埒さ
への当てこすりとして描写したものとしたら、「褐色の髪の女」
が、つまり「ピエロの妻」が〈隣室〉または〈別棟〉で待機して
いたとの解釈も可能だろう。

　なお、拙著『シャンソンはそよ風のように』〔彩流社、1996年〕
には、このシャンソンから影響を受けたムスタキが作詞作曲し、
バルバラと共演した、『ブルネットの婦人』(La dame brune) につ
いての考察が収められている。

39. *La barbichette*
  小さなやぎひげ

Je te tiens,

Tu me tiens,

Par la barbichette,

Le premier

De nous deux

Qui rira

Aura une tapette.

Un, deux et trois croisons les bras

Comme des p'tits soldats!

  ぼくはきみのをつかむ、

  きみはぼくのをつかむ、

  小さなやぎひげを、

  最初に

  ふたりのうちで

  笑ったものが

  かるく頬をうたれる。

  いち、に、さんで、腕を組もう

  おもちゃの兵隊さんのように！

〔資料⑯ official lyrics〕

　作詞作曲不詳。子どもの「小さなやぎひげ遊び」（Le jeu de la
barbichette）の歌だ。ふつうは、最初の７行を繰り返す。やり方
は簡単。向きあったふたりが、手でお互い相手の〈あご〉をつか
み、――歌では〈小さなやぎひげ〉だが、子どもにはひげはない

ので、――相手の目をじっと見つめ、歌詞どおりに、このコンティーヌをいっしょにうたい踊り、どちらかが先に笑いだすまでつづける。笑ったほうが負け。相手にほっぺたをパチンとやられる。それを繰り返すのだが、最後は、ふたりとも笑い転げるだろう。

ただ、遊びの開始どきを、――これ以後笑ってはいけないというときを、――明確にするために、最後の2行《Un, deux et trois croisons les bras ／ Comme des p'tits soldats !》（いち、に、さんで、腕をくもう／おもちゃの兵隊さんのように）がつけ加えられることもある。この2行にかわるヴァリアントは、いくつかある。たとえば、《Au bout de trois :Un, deux, trois !》（みっつ数えたらだよ。いち、に、さん！）などだ。〔資料⑮〕

日本の「だるまさん、だるまさん、にらめっこしましょ、笑うと負けよ、あっぷっぷ」にあたるといえるだろう。

未見だが、1978年にジャン・ヤンヌ（Jean Yanne）脚本・監督で、*Je te tiens, tu me tiens par la barbichette*（わたしはきみのをつかむ、きみはわたしのをつかむ、小さなやぎひげを）というタイトルのユーモラスな諧謔的な映画が撮影され、翌年4月に上映されたという。件の歌がうたわれる場面は、YouTube で見られる。

もともとこの「小さなやぎひげ遊び」の起源は、17世紀半ば頃に遡り、《*je vous pince sans rire*（笑ったりせずに相手をつねる）＝ *le pince sans rire*（笑わずにつねる）》と呼ばれる jeu de société（二人以上でする室内ゲーム）の一種だった。集まった人たちの前にすわった鬼役は、その場のみなに、親指か人さし指で顔のど

こかしこに煤をぬられるが、その間ずっと、鬼は《Je vous pince sans rire》（わたしは笑ったりせずにあなたをつねる）の句をうたいつづけなければならない。そして煤をぬられた鬼の顔を見て、だれかが笑いだしたら、そのひとと鬼を交代する。

　ちなみに、現代フランス語で pince-sans-rire とつづると、形容詞で「まじめな（なに食わぬ）顔をして皮肉をいう」の意、そして名詞としてはそのような「ひと」をさす。

〔*Poésies comptines et chansons pour Rire,Gallimard*〕

40. *J'ai du bon tabac*
いいタバコをもっておるぞ

J'ai du bon tabac dans ma tabatière,

J'ai du bon tabac, tu n'en auras pas.

J'en ai du fin et du bien râpé,

Mais ce n'est pas pour ton vilain nez.

J'ai du bon tabac dans ma tabatière,

J'ai du bon tabac, tu n'en auras pas.

いいタバコをもっておるぞ、嗅ぎタバコ入れのなかじゃ、

いいタバコをもっておるが、あんたにはあげませんぞ。

もっておるのはの、上質のきめ細かな嗅ぎタバコじゃて、

しょせん、あんたの下品な鼻にはむかんわな。

いいタバコをもっておるぞ、嗅ぎタバコ入れのなかじゃ、

いいタバコをもっておるが、あんたにはあげませんぞ。

〔資料⑦〕

　作詞はガブリエル＝シャルル・ドゥ・ラテニャン神父（L'abbé Gabriel-Charles de l'Attaignant, 1697-1779）、作曲者は不詳だが1740年頃だという〔資料⑬〕。従って、上記の作詞はそれ以降。手元の子ども用の歌集やCDでは、この歌詞しか載っていないし、うたってもいない。しかしその後、1760年に加筆されて〔資料⑮〕、歌詞は全部で8番まである〔資料⑬〕。

　「嗅ぎタバコ」とは、タバコの葉を細かく粉砕し粉状にした「粉タバコ」のことで、小さな「嗅ぎタバコ入れ」に入れてもち歩き、嗅ぎたいときに、ふたを開けて、親指と人さし指で少量つま

みだし、親指の腹のほうにのせた粉末状のタバコを鼻孔に近づけ
て、片方ずつ均等に嗅ぐ。火は一切使わない。だから、煙もでな
い。こんな常識から外れたタバコの嗜み方が、ロココ時代を頂点
とする18世紀フランスに流行した。初めは宮廷を中心とする上
流階級のあいだで、ついでそれを真似した民衆へと……。フラン
ス革命の少し前には、「嗅ぎタバコ」がタバコ全消費量の12分
の11をしめたという。ヨーロッパでもフランスだけの現象だ。

　やがて、《タバコを嗅ぐプロセスは社交上の重要な儀式》にま
でなり、《いかに正しくタバコを嗅ぐか、そしてどのような仕草
で嗅ぎタバコ入れをひとに勧めるか》を、貴族たちは、当時でき
た指南書に学び、従ったというから、茶道・華道なみだ。結果、
「嗅ぎタバコ」の品質が、身分差のみならず、人品までを規定せ
んばかりになった。〔Cf. ヴォルフガング・シヴェルブシュ著・福本
義憲訳『楽園・味覚・理性』法政大学出版会、1988年〕

　　もっておるのはの、上質のきめ細かな嗅ぎタバコじゃて、
　　しょせん、あんたの下品な鼻にはむかんわな。

だから、《あんたにはあげませんぞ》というわけだ。このシャ
ンソンは、そうした行き過ぎた礼節のバカバカしさ、滑稽さ、狭
量を、皮肉ったものだ。後世が、ではなく同時代の作者ラテニャ
ン神父が、である。そこがスゴイ！　もっとも、正確な元歌で
は、引用部分、若干違っていた。いやもしかすると、若干が若干
ではないかも……。

J'en ai du *frais* et du râpé,

Ce n'est pas pour ton *fichu* nez.

もっておるのはの、新品のきめ細かな嗅ぎタバコじゃて、
あんたのひどい鼻にはむかんわな。

《上質の》(fin) が、本来は《新品の》(frais) だったことは、さ
ほど問題でない。問題は、《下品な鼻》(vilain nez) が《ひどい
鼻》(fichu nez) だったことだ。

　フランス語の fichu は、たしかに、体調であれ人間関係であ
れ、状態の悪いときに使う形容詞だ。だから、ここでも、第一義
的には、日頃、粗悪品になじんで品質の良し悪しなど嗅ぎ分けら
れなくなった「下等な鼻」、つまりひどい嗅覚の持ち主をあざけ
っているわけだが、しかし、元来 fichu は、動詞 ficher（foutre の
婉曲語）「①〜をする、②〜を投げ出す、③〜を食らう」の過去
分詞から派生したもので、③の意味では、どの辞書にもたいて
い、《ひとに平手打ちを食らわす（見舞う）》(ficher une gifle à qn)
の用例があがっている。

　とすると、歌中の《ひどい鼻》は、「下等な鼻」という以外
に、別な位相で、「（なにかに一発）食らった鼻」の意味になりう
る。《下品な》(vilain) では、なりようがない。はて、これはど
うしたことか？……

　じつは、この《ひどい鼻》というのは、18世紀啓蒙思想家の
ひとりとして有名なヴォルテール（Voltaire, 1694-1778）が、親し
く出入りしていたシェリー公の門前で、棒で強打された1725年
の事件を踏まえてのことだ〔資料③〕。

　このただならぬ出来事、ヴォルテールの処女戯曲『エディップ
（オイディプス）』のフランス座での成功を妬んだ貴族ロアン＝シ
ャボ（Rohan-Chabot）が、ヴォルテールに絡み、口論になったこ

とが発端で、実際にことに及んだのはロアンの手下たちだった。
8番まである歌詞の7番を引いてみよう〔資料⑬〕。冒頭の「某」
は、ロアン＝シャボのことだ。

Tel qui veut nier l'esprit de Voltaire,

Est, pour le sentir, trop enchifrené.

Cet esprit est trop raffiné

Et lui passe devant le nez.

J'ai du bon tabac dans ma tabatière,

J'ai du bon tabac, tu n'en auras pas.

　　　某は、ヴォルテールの才気を否定したがるが、

　　　鼻がつまりすぎて、感じとれないだけだ。

　　　あの才気は洗練の極み

　　　某の鼻先をかすめていく。

　　　いいタバコをもっておるぞ、嗅ぎタバコ入れのなかじゃ、

　　　いいタバコをもっておるが、あんたにはあげませんぞ。

　真相のはっきりしない点もあるが、古い歌の背景では、いつも
のこと。異説ある後日談のうち、高橋安光氏の解説を紹介してお
こう〔『世界の名著29』中央公論社、1970年〕。

　　　この侮辱に憤激したヴォルテールはロアンとの決闘を
　　　望んだが、ロアン一家とかかり合うことを好まなかった
　　　シェリー公はじめ友人たちは、血気にはやる彼を抑えた。
　　　1726年4月17日、彼がバスティーユに入れられたの
　　　は保護のためであった。2週間後、イギリスへ渡るとい
　　　う条件で出獄を許される。

このシャンソンの全歌詞ともう少し詳しい解説を知りたい方
は、拙著『シャンソンのエチュード　改訂版』〔彩流社、2016
年〕を、ご参照ください。

J'ai du bon ta- bac dans ma ta- ba- tiè- re, J'ai du bon ta-

FIN

-bac, tu n'en au- ras pas. J'en ai du fin et du

bien râ- pé, Mais ce n'est pas pour ton vi- lain nez.

〔資料⑦〕

41. *Auprès de ma blonde*
ぼくのブロンド女性のそばで

1. Dans les jardins d' mon père

   Les lilas sont fleuris. } (*bis*)

   Tous les oiseaux du monde

   Vienn'nt y faire leurs nids.

   あたしの父の庭には

   リラの花が咲いてるわ。

   世界中の鳥という鳥が

   やってきて、巣をつくるのよ。

   ［Refrain］

   Auprès de ma blonde

   Qu'il fait bon, fait bon, fait bon,

   Auprès de ma blonde

   Qu'il fait bon dormir !

   ［ルフラン］

   ぼくのブロンド女性のそばで

   なんていい気持ち、いい気持ち、いい気持ち、

   ぼくのブロンド女性のそばで

   眠るのはなんていい気持ち！

2. Tous les oiseaux du monde

   Vienn'nt y faire leurs nids, } (*bis*)

   La caill', la tourterelle

Et la joli' perdrix.

世界中の鳥という鳥が
やってきて、巣をつくるのよ、
ウズラもキジバトも
きれいなイワシャコもよ。

3. La caill', la tourterelle
   Et la joli' perdrix,   } (*bis*)
   Et ma joli' colombe,
   Qui chante jour et nuit.

ウズラもキジバトも
きれいなイワシャコもよ、
そしてあたしの可愛いハトは
昼も夜もうたっている。

4. Et ma joli' colombe
   Qui chante jour et nuit,   } (*bis*)
   Qui chante pour les filles
   Qui n'ont pas de mari.

そしてあたしの可愛いハトは
昼も夜もうたっている、
娘たちのためにうたっているのよ
夫をもたない。

5. Qui chante pour les filles
   Qui n'ont pas de mari.   } (*bis*)
   Pour moi ne chante guère,

Car j'en ai un joli.

娘たちのためにうたっているのよ
夫のいない。
あたしのためには、ほとんどうたわないの、
だってあたしには優しい夫がいるんだもの。

6. Pour moi ne chante guère, ⎫
   Car j'en ai un joli.   ⎬ (*bis*)
                             ⎭
 － Dites-nous donc, la belle,
   Où donc est votr' mari ?

あたしのためには、ほとんどうたわないの、
だってあたしには、優しい夫がいるんだもの。
「いってごらん、美しいひと、
あなたの夫は、どこにいるの？」

7. － Dites-nous donc, la belle, ⎫
   Où donc est votr' mari ?   ⎬ (*bis*)
                               ⎭
 － Il est dans la Hollande,
   Les Hollandais l'ont pris.

「いってごらん、美しいひと、
あなたの夫は、どこにいるの？」
「夫はいるわ、オランダに、
オランダ人に捕まったの」

8. － Il est dans la Hollande, ⎫
   Les Hollandais l'ont pris, ⎬ (*bis*)
                              ⎭
 － Que donneriez-vous, belle,

Pour avoir votre mari ?

> 「夫はいるわ、オランダに、
> オランダ人に捕まったの」
> 「なにをあげるの、美しいひと、
> あなたの夫をとりもどすのに？」

9. ― Que donneriez-vous, belle,

   Pour avoir votre mari ? } (*bis*)

   ― Je donnerais Versailles,

   Paris et Saint-Denis.

> 「なにをあげるの、美しいひと、
> あなたの夫をとりもどすのに？」
> 「あたし、あげるわよ、ヴェルサイユも、
> パリも、サン＝ドゥニも」

10. ― Je donnerais Versailles,

    Paris et Saint-Denis, } (*bis*)

    Les tours de Notre-Dame

    Et l'clocher d'mon pays.

> 「あたし、あげるわよ、ヴェルサイユも
> パリも、サン＝ドゥニも、
> ノートルダム大聖堂の鐘楼も
> あたしの故郷の鐘楼もよ。

11. Les tours de Notre-Dame

    Et l'clocher d' mon pays, } (*bis*)

    Et ma joli' colombe,

246

Qui chante jour et nuit.

　　ノートルダム大聖堂の鐘楼も

　　あたしの故郷の鐘楼もよ」

　　そして、あたしの可愛いハトは、

　　昼も夜もうたっている。

〔資料⑬数ヵ所修正〕

　16世紀頃からヴァンデ地方に伝わっていた曲に、17世紀後半、アンドレ・ジュベール（André Joubert）が作詞したとされているが、根拠なしとの説もある。初めて印刷物として出版されたのは、1704年。以来、たいへんポピュラーな曲になった。8分の6拍子の心地よいリズムは、元来が、軍隊行進曲であることをよく示している。しかし、歌詞のほうは、前半と後半で一貫していない。

　歌詞1～5番は、〈父の庭〉をテーマにした幸せな楽園風景。元歌は、多分、15世紀頃のシャンソン『あたしの父の庭に（*Au jardin de mon père*）』（作詞作曲不詳）に遡るだろう、──《あたしの父の庭に／1本のバラの木が育っている／3人のお嬢さんがたが／日陰にはいりに行くところ／…／》で開始され、3人の若者のひとりは、いちばんきれいな娘を見初め、父親に結婚の許しを求めに行く、という筋立て。

　歌詞6～10番は、遠くにいて捕虜になった夫を思う妻の悲痛な心情。元歌は、1575年の『リュックの写本』のなかに抜粋がある。故郷にいて、イギリスの捕虜になった恋人の帰還を待ち望む恋人の気持ちをうたったものだ──《……だって優しい恋人がひとりいるんですもの／でも、フランスにはいないの／いま、故郷にはいないの／イギリスにいるの／アンリ王に仕えているのよ／

わたしになにをくれるかね？　美しいお嬢さん／もしもわたし
が、あんたのいいひとを探しに行くとしたら？／あたし、あなた
にブーローニュをさしあげますわ／ブリュージュもヘントもパリ
も／……／》〔資料②〕。

　16世紀半ばに、カレーから出撃したイギリスと、ブーローニ
ュ＝シュル＝メールを守ろうとするフランスとのあいだで、数年
間に及ぶ激しい戦いがあった。そのときフランス軍を率いていた
のが国王フランソワ1世の息子「王太子アンリ」、つまり後のアン
リ2世だった。

　まったく無関係な元歌を寄せたために生じた軋みを、我関せず
焉（えん）と合体させ、矛盾を意識させないで最後まで心地よくうたわせ
てしまうのが、能天気なまでに明るく朗らかなルフラン部、──
《ぼくのブロンド女性のそばで／なんていい気持ち、いい気持
ち、いい気持ち／ぼくのブロンド女性のそばで／眠るのはなんて
いい気持ち！》、──だ。何度も陽気に大声で繰り返されている
うちに、特定の妻の悲しみも、ひと皆の人生の悲哀も、いつかは
解消されるのではないか、というオプティミズムに満たされる。

　ところで、日本では一般に、《ブロンド娘のそばで》と、フラ
ンス語の《blonde》の実体を「娘」と解しているようだ。現在で
は、子どもの歌の範疇に分類されているゆえの配慮かもしれな
い。フランスの子どもたちにしても、性差を意識しない幼いうち
は、なにも考えず「娘」「少女」と受けとめているだろう。
　しかし、《〜のそばで眠るのはいい気持ち》は、意味深長だ。
そばでいい気持ちになって眠るには、その前になにかしらいいこ
とがあったに違いない。子どもという概念がほとんどなく、子ど

248

もはまだまだ小さな大人だった時代のことだ。ましてや作者アンドレ・ジュベールが、ルイ 14 世治政下で、オランダ戦争（1672-78）に出陣し、オランダ軍の捕虜となる悲惨な身を経験したとあっては、気持ちよく眠る自分のそばにいるのは、立派な大人の女性しか想定しえなかっただろう。そして、いま現在の子どもたちにしても、成長するほどに男女のあるべき姿を理解していき、「娘」から成熟した「女性」へ、金髪娘から金髪女へと意識を変えていくだろう。

　この歌詞の前半と後半の元歌、及び、オランダ戦争について、もうすこし詳しくお知りになりたい方は、拙著『すみれの花咲く頃、矢車菊の花咲く時』〔鳥影社〕第五話、または『シャンソンのエチュード・改訂版』第三章のいずれかをご参照ください。

〔資料II-3〕

42. *Malbrough s'en va-t-en guerre*
マルブルーは戦争に行ってしまう

1. Malbrough s'en va-t-en guerre,

   Mironton, mironton, mirontaine,

   Malbrough s'en va-t-en guerre,

   Ne sait quand reviendra. (*ter*)

   > マルブルーは戦争に行ってしまう、
   >
   > ミロントン、ミロントン、ミロンテーヌ、
   >
   > マルブルーは戦争に行ってしまう、
   >
   > いつ戻ってくるかわからないが。

2. Il reviendra-z-à Pâques,

   Mironton, mironton, mirontaine,

   Il reviendra-z-à Pâques,

   Ou à la Trinité. (*ter*)

   > 復活の主日には戻るだろう、
   >
   > ミロントン、ミロントン、ミロンテーヌ、
   >
   > 復活の主日には戻るだろう、
   >
   > あるいは三位一体の主日には。

3. La Trinité se passe,

   Mironton, mironton, mirontaine,

   La Trinité se passe,

   Malbrough ne revient pas. (*ter*)

   > 三位一体の主日は過ぎる、
   >
   > ミロントン、ミロントン、ミロンテーヌ、

三位一体の主日は過ぎる、
マルブルーは戻らない。

4. Madame à sa tour monte,

Mironton, mironton, mirontaine,

Madame à sa tour monte,

Si haut qu'ell' peut monter. (*ter*)

奥方が塔にのぼる、

ミロントン、ミロントン、ミロンテーヌ、

奥方が塔にのぼる、

できるだけ高くのぼる。

5. Elle aperçoit son page,

Mironton, mironton, mirontaine,

Elle aperçoit son page,

Tout de noir habillé. (*ter*)

奥方にはお小姓の姿が目にはいる、

ミロントン、ミロントン、ミロンテーヌ、

奥方にはお小姓の姿が目にはいる、

喪服姿の。

6. Beau page, ah! mon beau page,

Mironton, mironton, mirontaine,

Beau page, ah! mon beau page,

Quell's nouvell's apportez? (*ter*)

きれいなお小姓、ああ！ わたしのきれいなお小姓よ、

ミロントン、ミロントン、ミロンテーヌ、

きれいなお小姓、ああ！　わたしのきれいなお小姓よ、

どんな知らせをもってきたというの？

7. Aux nouvell's que j'apporte,

Mironton, mironton, mirontaine,

Aux nouvell's que j'apporte,

Vos beaux yeux vont pleurer.（*ter*）

私がもってまいりましたお知らせに、

ミロントン、ミロントン、ミロンテーヌ、

私がもってまいりましたお知らせに、

奥方様の美しいお目は涙にくれるでしょう。

8. Quittez vos habits roses,

Mironton, mironton, mirontaine,

Quittez vos habits roses,

Et vos satins brochés.（*ter*）

奥方様のバラ色の衣装をお脱ぎください、

ミロントン、ミロントン、ミロンテーヌ、

奥方様のバラ色の衣装をお脱ぎください、

そしてブロケード織りのサテンも。

9. Monsieur d'Malbrough est mort,

Mironton, mironton, mirontaine,

Monsieur d'Malbrough est mort,

Est mort et enterré.（*ter*）

マルブルー殿は亡くなられました、

ミロントン、ミロントン、ミロンテーヌ、

マルブルー殿は亡くなられました、
亡くなられて、埋葬されました。

10. J'l'ai vu porter en terre,

    Mironton, mironton, mirontaine,

    J'l'ai vu porter en terre,

    Par quatre-z-officiers. (*ter*)

    わたしはマルブルー殿が埋葬されるのを見ました、
    ミロントン、ミロントン、ミロンテーヌ、
    わたしはマルブルー殿が埋葬されるのを見ました、
    4人の将校たちによって。

11. L'un portait sa cuirasse,

    Mironton, mironton, mirontaine,

    L'un portait sa cuirasse,

    L'autre son bouclier. (*ter*)

    ひとりがマルブルー殿の胴鎧をもっていました、
    ミロントン、ミロントン、ミロンテーヌ、
    ひとりがマルブルー殿の胴鎧をもっていました、
    もうひとりは盾を。

12. L'un portait son grand sabre,

    Mironton, mironton, mirontaine,

    L'un portait son grand sabre,

    L'autre ne portait rien. (*ter*)

    3人目は大きなサーベルをもっていました、
    ミロントン、ミロントン、ミロンテーヌ、

３人目は大きなサーベルをもっていました、
　　　残りのひとりはなにももっていませんでした。

13. A l'entour de sa tombe,

　　Mironton, mironton, mirontaine,

　　A l'entour de sa tombe,

　　Romarins l'on planta. (*ter*)

　　　　　マルブルー殿の墓の周りには、
　　　　　ミロントン、ミロントン、ミロンテーヌ、
　　　　　マルブルー殿の墓の周りには、
　　　　　マンネンロウが植えられました。

14. Sur la plus haute branche,

　　Mironton, mironton, mirontaine,

　　Sur la plus haute branche,

　　Le rossignol chanta. (*ter*)

　　　　　いちばん高い枝の上で、
　　　　　ミロントン、ミロントン、ミロンテーヌ、
　　　　　いちばん高い枝の上で、
　　　　　ナイチンゲールがさえずりました。

15. On vit voler son âme,

　　Mironton, mironton, mirontaine,

　　On vit voler son âme,

　　Au travers des lauriers. (*ter*)

　　　　　マルブルー殿の魂がとんでいくのが見えました、
　　　　　ミロントン、ミロントン、ミロンテーヌ、

> マルブルー殿の魂がとんでいくのが見えました、
> 月桂樹のあいだを通り抜けて。

16. Chacun mit ventre à terre,

Mironton, mironton, mirontaine,

Chacun mit ventre à terre,

Et puis se releva. (*ter*)

> みなひれ伏しました、
> ミロントン、ミロントン、ミロンテーヌ、
> みなひれ伏しました、
> それからまた立ちあがりました。

17. Pour chanter les victoires,

Mironton, mironton, mirontaine,

Pour chanter les victoires,

Que Malbrough remporta. (*ter*)

> 数々の勝利を讃えてうたうため、
> ミロントン、ミロントン、ミロンテーヌ、
> 数々の勝利を讃えてうたうため、
> マルブルー殿がもたらしたのだ。

18. La cérémonie faite,

Mironton, mironton, mirontaine,

La cérémonie faite,

Chacun s'en fut coucher. (*ter*)

> 儀式が終わると、
> ミロントン、ミロントン、ミロンテーヌ、

儀式が終わると、

みなそれぞれ、床につくために立ち去りました。

19. Les uns avec leurs femmes,

Mironton, mironton, mirontaine,

Les uns avec leurs femmes,

Et les autres tout seuls ! (*ter*)

　　ある者たちは女性たちといっしょに

　　ミロントン、ミロントン、ミロンテーヌ、

　　ある者たちは女性たちといっしょに

　　そして残りの者たちはひとりぼっちで！

20. Ce n'est pas qu'il en manque,

Mironton, mironton, mirontaine,

Ce n'est pas qu'il en manque,

Car j'en connais beaucoup. (*ter*)

　　それは女性に事欠いているからじゃない、

　　ミロントン、ミロントン、ミロンテーヌ、

　　それは女性に事欠いているからじゃない、

　　だって、ぼくはたくさんの女性を知っているもの。

21. Des blondes et des brunes,

Mironton, mironton, mirontaine,

Des blondes et des brunes,

Et des châtaign's aussi. (*ter*)

　　金髪の女性たちに褐色の髪の女性たち、

　　ミロントン、ミロントン、ミロンテーヌ、

金髪の女性たちに褐色の髪の女性たち、
それに栗色の髪の女性たちも。

22. J'n'en dis pas davantage,

Mironton, mironton, mirontaine,

J'n'en dis pas davantage,

Car en voilà-z-assez. (*ter*)

ぼくはそれ以上のことはいいますまい、
ミロントン、ミロントン、ミロンテーヌ、
ぼくはそれ以上のことはいいますまい、
なぜって、もううんざりだもの。

〔資料⑬〕

作詞作曲不詳。1780 年頃の作品。正規の歌詞は 22 番までだが、あまりに長すぎて、全部をとおしてうたっている CD を聴いたことがない。歌中のマルブルーは実在の人物で、イギリスの将軍マールボロ公ジョン・チャーチル（John churchill, 1st Duke of Marlborough, 1650-1722）のこと。生涯のほとんどを、1701 年にはじまるスペイン継承戦争（1701-14）がらみの対フランス戦に捧げた。1706 年ラミーユ、1708 年ウーデナーデ、1709 年マルプラケと、連戦連勝。ただ、このマルプラケの戦いのさなかに、マルブルー将軍戦死の誤報が流れた。多分、敗北につぐ敗北を喫したフランス側が、敵方将軍の死を願うあまりのデマだったのだろう。

デマならデマで、それはいい。歌のなかでは、ちゃんと葬り去り、負け惜しみならではの意趣返しをしたのだから。そんな虚構の筋立ては次のとおり……。

出陣したマルブルー、復活祭になっても、三位一体の主日になっても、戻ってこない。喪服姿のお小姓が、奥方に語る、──マルブルー殿は戦死、４人の将校たちの手で形式を踏んで埋葬された。墓の周りにはマンネンロウ（ローズマリー、葬式用の花）が植えられ、梢ではナイチンゲールが鳴き、そして月桂樹のあいだをマルブルー殿の魂が飛んでいった。埋葬後は、寝所に向かうが、女性を伴うものもいれば、ひとり寂しくもいた、──と。

　作者は、無事の帰還を待ち望む敵方の妻に夫の死を告げ、にたりと笑い、ほくそ笑み、埋葬の儀式がすめば、次に従うのは俗世の習いとばかり、艶めかしい愛の儀式で締めくくっている。妻の嘆きを、結局は、カリカチュアとして笑いとばしているのだから、残酷だ。いや、フランス側からみれば、ワサビの効いたイロニーだし、諧謔だし、陽気であけすけできわどい「エスプリ・ゴーロワ」の真骨頂だ、となるのだろう。ほんと、戦争とはそういう両面を際立たせるものだ。

　歌詞２番で、《復活の主日には戻るだろう／ ... ／あるいは三位一体の主日には》とあるが、これは、「復活の主日か、あるいは三位一体の主日に」（à Pâques ou à la Trinité）という慣用句、──「いつかそのうちに」の意、──を踏まえたもので、実際にはまず起こらない実現性の低いことを予見して使う表現。冒頭近くで、すでに奥方は、夫マルブルーがもう生きては戻ってこないだろうと、予感しているのだ。もちろん、同時に聴衆もだけれど……。

「復活の主日」（＝「復活祭」）とは、春分後の最初の満月の次の日曜日のことで、年によるが、ほぼ３月下旬頃から４月中旬頃ま

での移動祝日だ。なお、主日とは日曜日のこと。

「三位一体の主日」もやはり移動祝日で、「聖霊降臨の主日」の
１週間後の日曜日。その聖霊降臨の主日は、「主の昇天」から 10
日後の日曜日。主の昇天の祝日は「復活の主日」の 40 日後で、
必然的に木曜日となる。複雑怪奇だが、「復活の主日」から勘定
して、40 日＋ 10 日＋ 7 日＝ 57 日後、つまりほぼ２ヵ月後なの
で、「復活の主日」の日付次第だが、おおむね５月下旬から６月
中旬の日曜日になるだろう。緯度の高いフランスでは、「三位一
体の主日」はもっとも気候のよい「春」最盛時ということにな
る。マルブルーの空想の死は、春は春でも、この最盛時を迎える
手前だろう。なぜなら、春の使者ナイチンゲールが、マルブル
ーの死を悼み、生前の戦果を讃えるかのようにさえずったのが、
《いちばん高い枝の上》（歌詞 14 番）だったからだ。フランス語
の慣用表現、──《枝の上の鳥のように》（être comme l'oiseau
sur la branche）、──が脳裏をよぎる。これは、立場が不安定（微
妙）な状態を比喩している。だから、マルブルーは、季節の、あ
るいは人生の最盛を謳歌できなかったという仄(ほの)めかしだと……。
考えすぎかもしれないが。

このシャンソンの歌詞は、マルプラケの戦いの 1709 年頃に書
かれたのだろうが、印刷物が確認できるのは 1770 年頃。それ以
後、パリを中心に、地方にまで、ヴォードヴィルや縁日芝居、大
道芸やカーニヴァルをとおして、あっという間に広まった。単調
だが心地よいリズムが、人気の理由かもしれない。ボーマルシェ
が戯曲『フィガロの結婚』第２幕第４場、お小姓のシェリュバン
（ケルビーノ）がうたうロマンスの伴奏に、この曲を指定したぐら
いだから。この芝居の成功をみた 1787 年、巷には、婦人帽、扇

子、暦等々、〈マルブルー風〉と呼ばれるものが氾濫したという。

　伝説では、1781 年、国王ルイ 16 世と王妃マリ゠アントワネットの次男の、──長男の死により王太子でもあったが、──乳母ポワトリンヌが、マリ゠アントワネットの前でこの歌をうたったところ、宮廷中が魅了され、あっという間にヴェルサイユからパリに、地方にと広まったというが、実情は、パリを中心に、すでに巷間に知られていたということだろう。

〔資料⑦〕

260

43. *Au feu! les pompiers*
火事だ！ 消防士さん

1. Au feu ! les pompiers

   La maison qui brûle

   Au feu ! les pompiers

   La maison brûlée.

> 火事だ！ 消防士さん
>
> 家が燃えてる
>
> 火事だ！ 消防士さん
>
> 燃えてるぞ、家が。

2. C'est pas moi, qui l'ai brûlée

   C'est la cuisinière

   C'est pas moi, qui l'ai brûlée

   C'est le cuisinier.

> ぼくじゃないよ、家を燃やしたのは
>
> 料理人のおばさんだよ
>
> あたしじゃないわ、家を燃やしたのは
>
> 料理人のおじさんだわ。

3. Voilà les pompiers

   Sur leur auto rouge

   Voilà les pompiers

   Bien vite arrivés.

> ほら消防士さんだ
>
> 赤い消防車の上にいる

ほら消防士さんだ
すぐに来たぞ。

4. L'échelle est montée

Depuis l'auto rouge

L'échelle est montée

Avec un pompier.

はしごがあがったぞ
赤い消防車から
はしごがあがったぞ
消防士といっしょに。

5. Il jette de l'eau

Sur le feu tout rouge

Il jette de l'eau

Le feu est noyé!

消防士が放水する
真っ赤に燃える火に
消防士が放水する
火事は水浸しだ。

〔資料⑪〕

　作詞作曲不詳。どこの国の子どもたちも、消防車、消防士には憧れを抱いている。猛火に立ち向かう消防士は、英雄だ。この歌は、そんな子どもたちの心を弾ませる。同時に、歌をとおして、火事の怖さ、見つけたらすぐ通報という常識を、うたいながら学ぶだろう。作られた時期は不明だが、そう古くはないような気が

する。

　通常は歌詞1番と2番だけを繰り返しうたうようだが、You-Tube の歌はすべて、歌詞2番の《cuisinier ／ cuisinière》（料理人・コック）が、古いフランス語の《cantinier ／ cantinière》（食堂の経営者・従業員）になっていた。なのに、その動画では、現代風の男女の料理人が描かれている。

　なお、紹介した歌詞3~5番は、ジャン・エデル・ベルティエの創作である。

　ところで、タティ・モニク（Tatie Monique）氏は、幼かった頃、歌詞1番、2番の後に、つぎのような歌詞を加えてうたった記憶があるという〔資料⑯〕。

André, gare à toi,

Les gendarmes arrivent,

André, gare à toi,

Les gendarmes sont là !

　　　アンドレ、気をつけて

　　　憲兵たちがやってくる

　　　アンドレ、気をつけて

　　　憲兵たちがあそこにいるぞ！

44. *Sur le pont d'Avignon*
アヴィニョンの橋の上で

［Refrain］

Sur le pont d'Avignon,

On y danse, On y danse,

Sur le pont d'Avignon,

On y danse, tout en rond.

［ルフラン］

アヴィニョンの橋の上で、

踊っているよ、踊っているよ、

アヴィニョンの橋の上で、

踊っているよ、輪になって。

1. Les bell's dam's font comm' ça

　Et puis encor' comm' ça.

美女たちは、こんなふうに踊る

それからまた、こんなふうに。

2. Les beaux messieurs font comm' ça

　Et puis encor' comm' ça.

美男たちは、こんなふうに踊る

それからまた、こんなふうに。

3. Les cordonniers font comm' ça

　Et puis encor' comm' ça.

靴屋たちは、こんなふうに踊る

> それからまた、こんなふうに。
>
> 4. Les blanchisseuses font comm' ça
>   Et puis encor' comm' ça.
>
> > 洗濯女たちは、こんなふうに踊る
> > それからまた、こんなふうに。

〔資料⑦〕

　子どもたちは、輪になってじつに楽しそうにうたい踊りながら、身振り手振りで歌詞に登場する職種のものまねをする。以下、思いつくままに、たとえば、Les militaires（軍人）、Les p'tits abbés（神父さん）、Les jeun's danseurs（若いダンサー）、Les violonistes（ヴァイオリニスト）、Les chefs d'orchestre（指揮者）、Les musiciens（音楽家）、Les couturiers（服飾デザイナー）、Les vignerons（ブドウ栽培者）、Les officiers（士官）……と、主人公を置き換えていくことで、無限につづけることができる〔資料⑪〕。同時に子どもたちは、職種名をフランス語で楽々と覚えるだろう。

　ところで、デュ・メルサン（Du Mersan）によって、ほぼ現在に近い歌詞が明記されたのが、19 世紀半ばの 1843 年〔資料②〕。だから、作詞されたのはそれより以前、おそらく未知のヴォードヴィル作家の作だろう。

> Sur le pont d'Avignon
> Tout le monde y danse, danse,
> Sur le pont d'Avignon

Tout le monde y danse en rond
Les beaux messieurs font comme ça
Et puis encor comme ça
Les capucins...

　　　アヴィニョンの橋の上で
　　　みんなが踊る、踊る
　　　アヴィニョンの橋の上で
　　　みんなが踊る、輪になって
　　　美男たちはこんなふうに踊る
　　　それからまた、こんなふうに
　　　カプチン会修道士たちは……

　このシャンソンをとりわけ有名にしたのは、作曲家のアドルフ
＝シャルル・アダン（Adolphe-Charles Adam）が、1853 年に、自
作オペラ・コミック『耳の聞こえない人、または満員の宿屋』
（*Le Sourd ou l'Auberge pleine*）のなかで、このシャンソンをとり
あげたからだそうだ〔資料⑮〕。アダンは、バレエ音楽『ジゼ
ル』（*Giselle*、1841 年初演）やクリスマスキャロル『クリスマス
の賛美歌』（*Cantique de Noël*、英語タイトル『清しこの夜』*O Holy
Night*）の作曲でも知られる。

　この時代、伝統的なダンスは、郊外の川の土手か堤で催されて
いた。それゆえ集まった人びとは、《アヴィニョンの橋の上で》
とうたうのに戸惑って、《アヴィニョンの橋の下で》と変更して
うたった由。この合理精神は、フランス人らしい。

＊

　南仏の町アヴィニョンのローヌ川にかかる通称「アヴィニョン
の橋」は、正式には「サン・ベネゼ橋」（Pont Saint-Bénézet）と

266

いう。1177 年に着工し 1188 年に、── 1185 年説もあるが、
──完成した段階では、全長約 920 メートル、幅 4 メートル、
22 連のアーチ橋だった。現在ではアーチは 4 連残るのみ。幅 4
メートルの橋の上ではファランドールもサラバンドも踊れないの
で、建築時にあっても、実際にはアヴィニョンの橋の下の広大な
「バルテラッサ中洲」で踊っていたと思われる。

　問題はこれでは終わらない。資料①及び②のなかの *Sur le pont
d'Avignon* の項で紹介されているのは、現在の歌詞とはまったく
違うものだ。冒頭の一句《Sur le pont d'Avignon》（アヴィニョン
の橋の上で）だけが共通で、あとは《アヴィニョンの橋の上で、
わたしは美しい娘がうたうのを聴いた》(Sur le pont d'Avignon, J'ai
ouï chanter la belle）で始まる、けっこう長いシャンソンだ。
　そして、冒頭のこの一句《Sur le pont d'Avignon》の存在が遡
って確認できるのは 1503 年のことで《アヴィニョンの橋の上で
／美しい恋人が行ったり来たり》がそうだ（Sur le pont d'Avignon
／ Ma belle passe et repasse）〔資料②〕。この定型表現が、──よほ
ど強烈な印象を与えたのだろうか、──口火となって、以後、歌
詞旋律とも多様多彩なヴァージョンが数多く生みだされることに
なった。魔法の呪文のような決まり文句である。
　1575 年の『リュックの草稿』(*le Manuscrit de Lucques*) に、
《アヴィニョンの橋の上で》で始まる「祝婚歌」のヴァージョン
が 2 篇収録されているらしい〔資料②〕。1 篇は歌詞 8 番まで、
もう 1 篇は歌詞 10 番まであるが、後者の歌詞 1~4 番のみ紹介し
ておこう。

　Sur le pont d'Avignon

J'ai ouï chanter la belle

Qui dans son chant disait

Une chanson nouvelle

　　　アヴィニョンの橋の上で
　　　ぼくは美しい娘がうたうのを聴いた
　　　娘は歌のなかで語っていた
　　　新曲をひとつ

Ouvrez la porte, ouvrez,

Nouvelle mariée

J'ai perdu mes amours

Je ne puis les requerre

　　　開けてドアを、開けて、
　　　花嫁さん
　　　ぼくはぼくの愛を失った
　　　愛を請うことなどできやしない

Comment vous ouvrirais-je?

Je suis au lit couchée

Auprès de mon mari

La première nuitée

　　　どうして開けることができましょう？
　　　あたしはすでに床のなか
　　　あたしの夫のかたわらで
　　　初夜をともに過ごすため

Me tient et me tiendra

Pendant la nuit entière

Attendez à demain

La fraîche matinée

あたしを引き止めつづけるでしょう

夜のあいだじゅう、ずっと

明日まで待ってくださいな

爽やかな朝を迎えるまで

結婚式を終えた夜、花嫁が初夜を過ごすはずの寝室に、ドアを閉じていっしょに籠っている女性たちが、寝室のドアのまえに陣取っている男性たちと、歌でことばの応酬をする。一見、無礼講とも思える内容だが、かならずうたうと決まっていた地方の「祝婚歌」だ。

　もともと、ケルト系ゴール人たちの古い風習だったもので、18世紀には、この曲の様々なヴァージョンが、ヴォードヴィルで盛んにうたわれた。19世紀初め頃まで、西部フランスのブルターニュ地方やノルマンディ地方、さらにはイル・ドゥ・フランス地方に残っていた。旋律には、賛美歌やクリスマスキャロルが使用されているそうだ。〔資料③〕

*

　以上から推測するに、現在のシャンソン *Sur le pont d'Avignon* は、16世紀以来、西仏中心に伝わっていた祝婚歌 *Sur le pont d'Avignon, J'ai ouï chanter la belle*（『アヴィニョンの橋の上で、わたしは美しい娘がうたうのを聴いた』）の冒頭の一句《Sur le pont d'Avignon》に鮮烈な印象を受けたあるだれかが、その一句のみを借用し、歌詞は自由に創作した簡単平明な「物まね遊び歌」だ。それに、19世紀のあるヴォードヴィル作者が着目し、売りだし

たところ脚光を浴びたというのが真相だろう。本格的なシャンソン歌手ジャン・サブロン（Jean Sablon）がうたって評判をとったのは、1939年のことである。そして、21世紀の今日にいたるまで、子どもたちに愛されうたわれつづけているのは、だれしも承知だ。

〔資料Ⅱ-4〕

45. *La casquette du père Bugeaud*
ビュジョー翁の軍帽

As-tu vu la casquette, la casquette,

As-tu vu la casquette du père Bugeaud?

　　おまえは、軍帽を見たことがあるか、軍帽を、

　　おまえは、ビュジョー翁の軍帽を見たことがあるか？

Oui, j'ai vu la casquette, la casquette.

Oui, j'ai vu la casquette du père Bugeaud.

　　ああ、見たことがあるぞ、軍帽を、軍帽を、

　　ああ、見たことがあるぞ、ビュジョー翁の軍帽を。

Elle est faite la casquette, la casquette,

Elle est faite avec du poil de chameau.

　　あの軍帽はつくられているのさ、あの軍帽は、

　　ラクダの革でつくられているのさ。

〔資料⑨、⑬⑮参照〕

　作詞不詳、1846 年頃。1836 年頃作曲の『ズワーヴ兵行進曲』の節にのせて（Sur l'air de 《La marche des zouaves》）うたう。

　主人公の名前ル・ペール・ビュジョー（le père Bugeaud）をどう訳せばいいのだろう。《père》は年配者の名前の前につけて、「……爺さん」とか「……親父」とか、親しみをこめて呼ぶときに使う。バルザックの小説『ゴリオ爺さん』（Le père Goriot）をすぐにも思いおこすだろう。それにしてからが、歌中のビュジョ

一氏の職業・年齢がわからないでは、親しみをこめて訳せ、といわれても困惑する。

　じつは、ル・ペール・ビュジョー氏には、実在のモデルがいる。本名トマ＝ロベール・ビュジョー（Thomas-Robert Bugeaud, 1784-1849）で、軍人。フランスのアルジェリア侵略時代（1827/1830-1849/1857）の 1840 年にアルジェリア総督に任じられ、1843 年にはフランスの元帥（maréchal de France）の地位にあった。この歌が作詞されたのが、その 3 年後でビュジョー氏 62 歳のときである。その経歴を鑑みるに、père Bugeaud（ペール・ビュジョー）は、「ビュジョー（老）翁」が適訳ではなかろうか。『小学館ロベール仏和大辞典』の《père》の項に、「（フランス語圏アフリカで）（尊敬すべき）老人、老翁」をさして呼ぶ旨の記載が、ちゃんとある。

　『ズワーヴ兵行進曲』の節にのせてとある「ズワーヴ兵」（les zouaves）だが、アルジェリア侵略のために 1830 年にカビリア人を中心に編成されたフランス軍アルジェリア歩兵隊のことをさすが、のちの 1852 年には、フランス人だけで構成されたアルジェリア歩兵（連隊）のことをいうようになった〔前掲書〕。

　要するに、このシャンソンはアフリカ駐留の軍隊用に作詞された軍歌だ。だからというわけではないが、文学的には無内容だ。

　このシャンソンのタイトル命名の経緯については、オマル公爵（Duc d'Aumale）が、1855 年に発表した自著『ズワーヴ兵と猟歩兵：歴史的素描』（*Les zouaves et les chasseurs à pied :esquisses historiques*）からの引用を、ひとまず参考にしよう〔資料⑮〕。全訳せず概略だけ認めておく。

＊

　ある夜、警戒を怠ったことから、イスラム教団の正規軍に陣地内に忍び込まれ、フランス軍野営部隊が砲撃されるという事態が起きた。砲火は、一瞬だったが、ひじょうに鮮烈だったので、フランス軍兵士たちは驚愕し、反撃を躊躇した。こういうときこそ、将校たちが見本を示さねばならない。真っ先に突撃したひとりがビュジョー元帥で、力強い手で敵のふたりを捕らえ、殴り殺した。おかげで軍の隊形が戻り、ズワーヴ兵たちは敵に突進し、そして追い払った。戦闘が終わったあと、ビュジョー元帥は、野営地の篝火の明りで、みなが自分の方を見ながら笑みを浮かべているのに気づいた。元帥は頭に手をやって、自分がかぶっているのが、質素な木綿のナイトキャップだということを知った。これではまるで、ベランジェのシャンソンにでてくるイヴトの王様みたいだ。元帥はすぐさま自分用の軍帽を求めた。すると、おうむ返しに大勢の声がこう叫んだ：《軍帽を、元帥の軍帽を！》。

　じつは、元帥の軍帽は少々斬新で、以前から兵士たちの注意をひいていた。その翌日から、ズワーヴ兵たちは、進軍ラッパの音に合わせ、こう合唱するようになったという：《軍帽を見たことがあるか、軍帽を／ビュジョー翁の軍帽を見たことがあるか？》このとき以来、行進の際の軍楽には、この曲以外には求められなくなったし、元帥自身、好んでこのエピソードを語り、駐屯地で警戒の任務にあたる前哨ラッパ手に、しばしば《軍帽を鳴らせ》(Sonne la casquette.) と命じていたそうだ。

　また、アンヌ・ブアンは、戦場での部隊の配置交替の際に、ビュジョー翁が《もう「交替のラッパを鳴ら」させずに、「軍帽を演奏」させた》(Le père Bugeaud ne fit plus «sonner la relève», mais«jouer la casquette».) と、注を付している〔資料⑨〕。

＊

　とはいえ、上記の説明でも、少々斬新だというビュジョー元帥の軍帽の特異性はわからない。アンヌ・ブアンの注釈によれば、当時のフランス軍アルジェリア歩兵隊が被っていた軍帽は、シャコ（shako）と呼ばれた《羽根の前立てと庇のついた円筒形の軍帽》で、庇部分が革だった。だが、ビュジョー元帥の軍帽には、首筋をアフリカの強烈な直射日光から守るために、首の後ろのうなじ部分にもうひとつ庇がつけられていたという。部下たちの注意をひいたのは、このことだ。

〔資料Ⅱ-5〕

274

46. *Une poule sur un mur*
1 羽の雌鶏が、塀の上で

Une poule sur un mur

Qui picore du pain dur

Picoti, picota

Lèv' la queue et puis s'en va.

　　1 羽の雌鶏が、塀の上で

　　堅いパンをついばんでいる

　　コンコンつつき終わったら

　　尾羽を立てて、行っちまう。

〔資料⑪〕

　高い塀の上でカチンコチンになったパンをつつくのが大好きな
雌鶏の物語で、子どもたちが大きくなってからも、もっとも忘れ
がたい歌のひとつだという。情景が、動画のように眼前に浮かぶ
だろうし、「ついばむ」という動詞《ピコル》（picore〈picorer〉)
の発音と、多分、そこから派生した擬声音《ピコティ、ピコタ》
（picoti, picota）の音の連鎖は、幼児の心を惹きつけるだろう。食
べたら、ピーンと尾羽を立てて、尻を向けて行ってしまう雌鶏の
姿もおかしい。

　町の外にでれば、農場がある。雌鶏、雄鶏、ひよこ、羊、豚
……、子どもたちにとっては、見慣れた親しい生き物たちだ。次
の瞬間には殺されて、食べ物になるという事実を知るまでは、だ
けど。命は、他の命をいただくことで継承できる。この冷厳な事
実を知るのは、もっとあと、大きくなってからだ。でも、それを

275

知る以前に、子どもたちは、理屈抜きで、心して感謝して食すことを教えられる。

　ふつうは、紹介した歌詞を何度もくりかえしうたうが、次のような歌詞２番をつけてうたうこともあるようだ〔資料⑯〕。

　　Une poule sur un mur

　　Qui picore du pain dur

　　Picoti, picota

　　Pond un œuf et puis s'en va.

　　　　１羽の雌鶏が、塀の上で

　　　　堅いパンをついばんでいる

　　　　コンコンつつき終わったら

　　　　卵をひとつ産んで、行っちまう。

〔資料⑪〕

47. *Colchiques dans les prés*（*Automne*）
イヌサフランが草地に（秋）

1. Colchiques dans les prés

   Fleurissent, fleurissent

   Colchiques dans les prés

   C'est la fin de l'été.

   　　　イヌサフランが草地に

   　　　咲いている、咲いている

   　　　イヌサフランが草地に

   　　　夏の終わりだ。

   　　［Refrain］

   　　La feuille d'automne

   　　Emportée par le vent

   　　En ronde monotone

   　　Tombe en tourbillonnant.

   　　　　［ルフラン］

   　　　　秋の葉っぱが

   　　　　風に運ばれて

   　　　　単調なロンドを

   　　　　舞いながら落ちる。

2. Châtaignes dans les bois

   Se fendent, se fendent,

   Châtaignes dans les bois

   Se fendent sous les pas.

　　　　　栗の実が森で
　　　　　割れている、割れている
　　　　　栗の実が森で
　　　　　通った跡に割れている。

3. Nuages dans le ciel

　S'étirent, s'étirent,

　Nuages dans le ciel

　S'étirent comme une aile.

　　　　　雲が空で
　　　　　細くたなびいている、たなびいている、
　　　　　雲が空で
　　　　　羽のように細くたなびいている。

4. Et ce chant dans mon cœur

　Murmure, murmure,

　Et ce chant dans mon cœur

　Appelle le bonheur.

　　　　　そしてこの歌は私の心のなかで
　　　　　ささやいている、ささやいている、
　　　　　そしてこの歌は私の心のなかで
　　　　　幸せを呼んでいる。

〔資料⑭、Cf. 資料③⑦〕

　作詞はジャクリーヌ・クロード（Jacqueline Claude, 本名ジャク
リーヌ・ドゥバット Jacqueline Debatte）とフランシーヌ・コカン
ポ（Francine Cockenpot）の共作で、作曲はフランシーヌ・コカン

ポのほうだ。1943 年の作。

　友人どうしのふたりは、ボーイスカウトのリーダーで、キャンプ場で若者たちがうたう歌として創作した。

　それが、古典的名曲になったのは、有名な歌手、ジャック・ドゥエ（Jacques Douai, 1970）、フランシス・カブレル（Francis Cabrel, 1977）、ドロテ（Dorothée, 1982）などが取り上げ、レコーディングしたからだ。

　イヌサフランはユリ科多年生の顕花植物だ。夏の終わり頃に、開けた土地、たとえば牧草地とか林間の空地とか草地にいっせいに咲きでる。歌詞 1 番はその風景をうたったものだ。

　一葉ずつ舞い落ちる枯葉、地上の割れた栗の実、晩夏＝初秋の空にたなびく線を引いたような細い雲、……とイメージしてくると、ふつうなら、寂しく、孤独で、メランコリックで、人生への失意を想起しそうだ。

　このシャンソンが作詞作曲されたのは、第 2 次世界大戦のまっただなか、パリはナチスの軍門に下っていた。そして当初、この歌は奇しくも『秋』というタイトルだった。短い夏と長い冬の繋ぎ、――推移、――としての秋。もしかすると死の予兆としての秋。歌詞だけなら、その表象であってもおかしくはない。

　しかし、曲想は違う。どこか夢見るようで、詩情にみち、希望をすら感じさせる。ルフランが、明るくリズミカルだからか？……、旋回しながら葉が落ちるのだから、当然だけど。改題『イヌサフランが草地に』は、成功だ。

　私見だが、ここに、作曲家フランシーヌ・コカンポの意図を感じる。いまはまだ暗いけど、先は見えないけど、未来を信じたいと。だから、最後のフレーズで、若者たちに、こううたわせたの

ではないだろうか、──《そしてこの歌は私の心のなかで／幸せ
を呼んでいる》、──と。すべて、想像だけど。

　ボーイスカウトの林間のキャンプファイアーで、子どもたちは
目をまん丸く開き、美しく楽しい「夢」の到来を宵闇のなかで願
いながら、うたったのだろう。いまではもう、小学校でもふつう
にうたわれる名曲になっている。

〔資料⑦〕

48. *Nous n'irons plus au bois*
私たち、もう森へは行かないわ

1. Nous n'irons plus au bois

Les lauriers sont coupés,

La belle que voilà

Ira les ramasser.

　　　私たち、もう森へは行かないわ

　　　月桂樹が刈られているもの、

　　　ほら、あそこにいる美しい娘が

　　　刈られた月桂樹を拾い集めに行くわ。

　　[Refrain]

　　Entrez dans la danse,

　　Voyez comme on danse,

　　Sautez, dansez,

　　Embrassez qui vous voudrez.

　　　　[ルフラン]

　　　　ダンスにおはいりよ、

　　　　見てごらん、みながどんな風に踊っているか、

　　　　跳ねて、踊って、

　　　　気にいったひとにキスをなさいな。

2. La belle que voilà

Ira les ramasser.

Mais les lauriers du bois,

Les laiss'rons-nous couper ?...

ほら、あそこにいる美しい娘が
　　　刈られた月桂樹を拾い集めに行くわ。
　　　でも森の月桂樹を、
　　　刈らせたままにしておくの？……

3. Mais les lauriers du bois,

　 Les laiss'rons-nous couper ?...

　 Non, chacune à son tour

　 Ira les ramasser.

　　　でも森の月桂樹を、
　　　刈らせたままにしておくの？……
　　　いいえ、めいめいが順番に
　　　拾い集めに行きましょう。

4. Non, chacune à son tour

　 Ira les ramasser.

　 Si la cigale y dort

　 Il n'faut pas la blesser.

　　　いいえ、めいめいが順番に
　　　拾い集めに行きましょう。
　　　そこにセミが眠っていれば
　　　傷つけないようにね。

5. Si la cigale y dort

　 Il n'faut pas la blesser.

　 Le chant du rossignol

　 Viendra la réveiller.

そこにセミが眠っていれば
傷つけないようにね。
ナイチンゲールの囀りが
そのうちセミを目覚めさせるでしょう。

6. Le chant du rossignol
　Viendra la réveiller.
　Et aussi la fauvette
　Avec son doux gosier.
　　　ナイチンゲールの囀りが
　　　そのうちセミを目覚めさせるでしょう。
　　　そしてハッコウチョウも
　　　その甘い歌声でね。

7. Et aussi la fauvette
　Avec son doux gosier.
　Et Jeanne la bergère
　Avec son blanc panier.
　　　そしてハッコウチョウも
　　　その甘い歌声でね。
　　　そして羊飼い娘のジャンヌが
　　　白い籠をもって。

8. Et Jeanne la bergère
　Avec son blanc panier.
　Allant cueillir la fraise
　Et la fleur d'églantier.

そして羊飼い娘のジャンヌが
　　　白い籠をもって。
　　　イチゴを摘みに行くの
　　　それと野バラの花もね。

9. Allant cueillir la fraise
　Et la fleur d'églantier.
　Cigale, ma cigale,
　Allons, il faut chanter.
　　　　イチゴを摘みに行くの
　　　　それと野バラの花もね。
　　　　セミよ、私のセミよ、
　　　　さあ、うたわなくちゃ。

10. Cigale, ma cigale,
　Allons, il faut chanter.
　Car les lauriers du bois
　Sont déjà repoussés.
　　　　セミよ、私のセミよ、
　　　　さあ、うたわなくちゃ。
　　　　だって、森の月桂樹が
　　　　すでにまた芽吹いているから。

〔資料⑬〕

　森に茂る月桂樹、ナイチンゲールとハッコウチョウ（白喉鳥）
とセミの打ち解けた交感、――《ナイチンゲールの囀りが／その
うちセミを目覚めさせるでしょう／そしてハッコウチョウも／そ

の甘い歌声でね》、——そして登場するのは、イチゴと野バラの
花を摘む白い籠をもった羊飼い娘、……「牧歌」だ。そんなのど
かな世界を、美しく夢幻的な旋律が縁取る。子どもたちはうっと
りと耳を傾け、やがて唱和するだろう。

　違う位相で、大人たちもまた官能をくすぐられる。その同じ
「森」が、「ナイチンゲール」や「摘みとられる野バラの花」の仄
めかすイメージとともに、自由奔放な〈愛の歌〉の舞台に変容す
るからだ。

　ここに紹介した歌詞は、18世紀に、——それも特に、ヴェル
サイユの宮廷で、——広く知られるようになったという〔資料
⑫〕。とすれば、舞台はヴェルサイユの広大な庭園だ。庭師が刈
りこむ前の小灌木や茂みは、男女の逢瀬を、生々しい愛の現場
を、巧妙に隠してくれたろうから。

　別な説もある。ピエール・ショメイユは、この「森」はブー
ローニュのことだという。ルイ14世の死後、幼少のルイ15世に
かわって摂政の地位に就いたのが、オルレアン公フィリップ（摂
政在位1715-23）。政治の中心は、ヴェルサイユからパリに移る。
この自由思想家のもとで、大いなる自由恋愛が花開き、《1750
年ごろ、ブーローニュの森の片隅には、月桂樹が植えられ、恋人
たちは、人目をさけて逢っていた》という〔資料⑦〕。じつに効
果的な「月桂樹」の植樹だ。

　結論からいえば、歌の舞台が、ヴェルサイユの庭園であろう
と、ブーローニュの森であろうと、どちらでもいい。姿を隠せれ
ばいいのだから。人目をはばからず、逢瀬を、悦楽を楽しめれば
いいのだから。

実際、太古の昔から、《家や寝室が作られる以前に、「森」は男女の交わりが行われた場所》〔『イメージ・シンボル事典』大修館〕、つまりはラヴ・ホテルだった。『トリスタンとイズー』のモロアの森を思いだすだけで、十分だろう。そんな性の本質にかかわる重要な場所が、1ヵ所にかぎられる必要はどこにもない。ただ、困るのは、森の木々が枯れたり、庭園の小灌木が刈りこまれたりしたときだ。丸見えになってしまうから。そうなると……、

　　私たち、もう森へは行かないわ
　　月桂樹が刈られているもの

この冒頭2行は、最終詩行の、

　　だって、森の月桂樹が
　　すでにまた芽吹いているから

　……と呼応し、エロティシズムの円環を構成する。月桂樹は、ギリシャ神話のアポローンとダプネーの悲劇的なエピソードで知られるように、美しい妖精ダプネーがアポローンから逃れるために化身したもの。だから、《月桂樹が刈られる》には、美しい娘が、処女を失うという意味が隠されているとみてよい。とすれば、《……森の月桂樹が／すでにまた芽吹いているから》は、熱烈な恋の季節がまた巡ってきたことを告知していることになる。
　そのアポローンだが、悲しみのあまり3日3晩泣いたうえで、月桂樹の枝を手折り、冠を作り、ダプネーへの永遠の愛の証として、生涯、頭にかぶったという。このエピソードから、歌詞3番《でも森の月桂樹を／刈らせたままにしておくの？……／いい

え、めいめいが順番に／拾い集めに行きましょう》に、娘たちの
恋する男への赤裸々な思いを読み取っていいかもしれない。

作詞不詳だが、旋律は、グレゴリオ聖歌の「天使のミサのキリ
エ」（*Kyrie* de la messe *De Angelis*）、その最初の単旋律に依ってい
て、ドゥビュッシーは、ピアノ曲集「版画」（*Estampes*）のなか
の第 3 曲『雨の庭』（*Jardins sous la pluie*）の主題に使用している
〔資料③〕。

ところで、ルイ 15 世の公妾ポンパドゥール夫人（1721-64）作
詞説がまことしやかに語られている。1753 年のクリスマス期間
中に、村の子どもたちのために創作したコンティーヌだというの
だ〔資料⑮〕。

ポンパドゥール夫人といえば、ルイ 15 世の性欲の強さに対応
しかね、30 歳（1751 年）を越えた頃から王とは寝所をともにし
なくなった。そのかわりに 42 歳で亡くなるまで移り住んだヴェ
ルサイユで、森のなかに娼館「鹿の園」（Parc-aux-cerfs）を建て、
ルイ 15 世好みの女性を住まわせ、密かに王に奉仕させたとい
う。見あげたというべきか、したたかというべきか、そんな夫人
が、クリスマス期間中に、子ども用の歌を作詞したとは、極めて
想像しにくい。

それとは別に、冒頭の 1 行、──そのままタイトルになってい
るが、── Nous n'irons plus au bois（私たち、もう森へは行かな
いわ）にこそ、隠された意味があるようだ。

ルイ 14 世の時代、ヴェルサイユ宮殿建設があまりに遅延する
ので、王は苛立ち調べさせたところ、職人たちはあまりにもしば

しば仕事を放棄して森に行く。そこには、森の木々と同じ数だけの女（売春婦）がいるではないか。敬虔なマントノン夫人の助言もあったが、性病が蔓延するのを恐れた王は、警察力を強化し、売春罪を創設し、法を破れば鼻と耳をそぎ落とすぞと威嚇し、女たちをヴェルサイユの娼館に定住させ、戸口の上部に「月桂樹の束」を取りつけさせた。これが、この歌の出だし《Nous n'irons plus aux bois, les lauriers sont coupés》（私たち、もう森へは行かないわ／月桂樹が刈られているもの）のほんとうの意味だという説もある〔資料⑯ Sources /antidoxe.eu – Article PF.Debert〕。

とすれば、先ほど引いた歌詞３番の《でも森の月桂樹を／刈らせたままにしておくの？……／いいえ、めいめいが順番に／拾い集めに行きましょう》も、別な意味をもつことになるだろう。拾い集めもちかえり、戸口の上の壁にとりつけるためだ、と。

ところで、歌詞９番に《ma cigale》（私のセミよ）とでてくる１人称「私」は、男性「ぼく」なのだろうか、女性「あたし」なのだろうか。どちらでもよいといえば、どちらでもよいともいえる。ただ、この歌詞に先立つ歌詞３番の《chacune》（めいめいが）が女性形なので、順次、月桂樹の枝を取りに森にはいったのは女性、セミの眠りを気遣ったのも女性、羊飼い娘と出会ったのも女性とみなし、そのうえで、全体の歌詞を女性の視点に立って訳出した。それゆえ、冒頭１人称複数主語《nous》も、一応は、「あたしたち」の意味に解している。あくまで、私見だが……。ちなみに、YouTube の動画では、男の子と女の子がでてきて、全体をいっしょにうたったり、一部を男声と女声で分けあったりといろいろだが、それはそれでいい。

　しかし、最後の最後に難問が残った。じつは、歌詞3番《chacune》が、資料⑦⑪⑫⑬ではそうなっているが、資料①②では男性形の《chacun》となっていることだ。後者だと、ひとりずつ順番に、森に月桂樹の枝を取りに行くのは「男性」だということになる。すると、歌全体が男性の視点からに一変する。月桂樹はダプネーの化身だったこと、アポローンがそれに執着したことを鑑みると、本来はこちらのほうが元歌だったのではないかと、じつは思っている。

　18世紀には子どもの歌がたくさん作られたが、ほとんどみな「二重の意味」が詠みこまれている。いうまでもない、キリスト教の禁忌に密かに立ち向かい、人間の本性はこうだと示すひとつの方法だったのだ。

〔資料Ⅱ-3〕

49. *Voici la Saint-Jean*
   さあ、聖ヨハネ祭よ

1. Voici la Saint-Jean, l'heureuse journée,

   Que nos amoureux vont à l'assemblée.

   　　　　さあ、聖ヨハネ祭よ、幸せな日だわ、

   　　　　恋人たちは村祭りに行くの。

   　　［Refrain］

   　　Marchons, joli cœur, la lune est levée.

   　　　　　［ルフラン］

   　　　　　　歩きましょう、愛しいひと、月が昇ってるわ。

2. Que nos amoureux vont à l'assemblée.

   Le mien n'y est pas, j'en suis assurée.

   　　　　恋人たちは村祭りに行くの。

   　　　　あたしの恋人はそこにはいない、確かよ。

3. Le mien n'y est pas, j'en suis assurée.

   Il est dans les champs, là-bas à la mée.

   　　　　あたしの恋人はそこにはいない、確かよ。

   　　　　ほらあそこ、麦畑の積みわらのところにいるわ。

4. Il est dans les champs, là-bas à la mée.

   La figure au vent, chevelure dépeignée.

   　　　　ほらあそこ、麦畑の積みわらのところにいるわ。

   　　　　顔に風を受けて、髪の毛はくしゃくしゃ。

5. La figure au vent, chevelure dépeignée.

   Le mien est à Paris, chercher ma livrée.

   　　　　顔に風を受けて、髪の毛はくしゃくしゃ。

   　　　　あたしの恋人はパリにいる、あたしのウェディング・リボンを求めて。

6. Le mien est à Paris, chercher ma livrée.

   Que t'apportera-t-il mignonne tant aimée ?

   　　　　あたしの恋人はパリにいる、あたしのウェディング・リボンを求めて。

   　　　　そんなにも愛してるおまえさんに、なにをもってくるつもり？

7. Que t'apportera-t-il, mignonne tant aimée ?

   Il doit m'apporter ceinture dorée.

   　　　　そんなにも愛してるおまえさんに、なにをもってくるつもり？

   　　　　あのひと、あたしに金色のベルトをもってくるに違いないわ。

8. Il doit m'apporter ceinture dorée.

   Un anneau d'argent et sa foi jurée.

   　　　　あのひと、あたしに金色のベルトをもってくるに違いないわ。

   　　　　銀の結婚指輪と誠の誓いも。

〔資料①⑬〕

ここにあげた『さあ、聖ヨハネ祭よ』（*Voici la Saint-Jean*）の歌詞は、17世紀頃のものだが、ヴァリアントはたくさんある。ヴァンデ地方からノルマンディ地方へ、ついでイル・ドゥ・フランス地方へと広まったという。

　原題 *Voici la Saint-Jean* の la Saint-Jean（ラ・サン゠ジャン）は、《la fête de Saint-Jean》（聖ジャンの祝日、聖ヨハネ祭）の省略表記で、6月24日のこと。その前夜、人びとは、薪を燃やし、若者たちはその焚火の上を跳びこえる敏捷さを競いあい、娘たちは花柄の衣装や美しい装飾品で身を飾ったという。そして赫々と燃えあがる火の周囲で、この歌をうたいながら、ダンスをし、ファランドールを踊り、大いに飲み大いに食べた。これは、遠くゲルマン民族の風習「夏至の火祭り」にさかのぼるが、ローマンカトリックが、布教のために、洗礼者ヨハネの祝日に重なることを利用し、異教の風習は放任したまま、祝日名のみキリスト教風に命名し直したものだ。

　この火祭りは、日頃の鬱憤を晴らすためだけではない。往々、恋人たちが婚約を公にする場ともなった。なぜならこの日は、1年で日照時間がもっとも長い「夏至」。明日からは、いつ果てるとも知れぬ、暗くて寒くて恐ろしい冬へと向かう、その直前の光輝やく偉大な日。民衆の心は全的に解放され、本性も自然に委ねられる。結果、婚約発表に留まらない。より率直で露わな究極の男女の行為が、今夜は許される。最高に幸せな日なのだ。

　ここで、歌詞のなかの少々わかりにくいフランス語について、説明しておこう ［cf. 資料②③］。

歌詞1番：l'assemblée は、la fête du village（村祭り）のこと。

歌詞3番：la mée は、la meule de blé（麦わらの堆積）と同意。

歌詞5番：livrée は、古いフランス語表現でいう livrée des noces[de la noce]、つまり「（結婚式で列席者や馬車などにつけた）ウェディング・リボン」のことだろう〔『小学館ロベール仏和大辞典』〕。

歌詞7番：ceinture dorée（金色のベルト）は、ポワトゥ地方やヴァンデ地方で、伝統的に、夫が新婦に与えた贈り物だが、もしその妻が夫と死に別れて寡婦になり、遺産放棄の決断をした際には、象徴として、夫の墓にその金色のベルトを置く風習があった。

歌詞8番：un anneau d'argent も「銀の結婚指輪」のことだろう。ちなみに、貴金属性の結婚指輪を une alliance といい、その古い表現が un anneau d'alliance で、宝石はつかない。宝石のついた指輪 une bague は、婚約用に使われるそうだ。

　歌中のヒロインの恋人は、この聖ヨハネ祭当日に、現場にいない。なぜなら、結婚に必要な品々を求めて、いまパリにいるからだ。もっと以前に、今日という日のために必要なものをそろえておけばいいのに、……要領が悪い、……というのは、理屈が勝ちすぎている。民衆歌謡というのは、非論理的なものだ。民衆の心理同様に。だから、ヒロインの希望・願望をよそに、こんな決定的な日に、──聖ヨハネ祭の夜に、──恋人のそばにいない男は、ヒロインを捨てて逃げたと解釈できないこともない。別ヴァージョンのルフラン、《月が昇る／月が去る》を聴くと、そんな感じがしてくる。旋律も、物悲し気だし……〔資料④〕。

1. Voici la Saint-Jean, la grande journée
   Où les amoureux vont à l'assemblée
   > さあ、聖ヨハネ祭よ、偉大な日だわ
   > この日、恋人たちは村祭りに行くの

   [Refrain]
   Va mon ami va, la lune se lève
   Va mon ami va, la lune s'en va
   > ［ルフラン］
   > さあ、あたしの恋人よ、行きましょう、月が昇る
   > さあ、あたしの恋人よ、行きましょう、月が去る

2. Où les amoureux vont à l'assemblée
   Le mien n'y est pas, j'en suis assurée
   > この日、恋人たちは村祭りに行くの
   > あたしの恋人はそこにはいない、確かよ

3. Le mien n'y est pas, j'en suis assurée
   Il est à Paris chercher ma livrée
   > あたしの恋人はそこにはいない、確かよ
   > あたしの恋人はパリにいる、あたしのウェディング・
   > リボンを求めて

4. Il est à Paris chercher ma livrée
   Qu'apportera-t-il à sa fiancée ?
   > あたしの恋人はパリにいる、あたしのウェディング・
   > リボンを求めて

そのひと、フィアンセになにをもってくるつもり？

5. Qu'apportera-t-il à sa fiancée ?

　Il m'apportera ceinture dorée

　　　そのひと、フィアンセになにをもってくるつもり？

　　　あのひとあたしにもってくるわよ、金色のベルトを

6. Il m'apportera ceinture dorée

　Alliance d'or et sa foi jurée

　　　あのひとあたしにもってくるわよ、金色のベルトを

　　　金の結婚指輪と誠の誓いを

7. Alliance d'or et sa foi jurée

　Et puis le bouquet de la fiancée

　　　金の結婚指輪と誠の誓いを

　　　それにフィアンセへの花束を

　ルフラン部の《Va mon ami va》の、mon ami をはさむふたつ
の va の訳が、──品詞の判定が、──むつかしい。それに、な
により《月が昇る／月が去る》の対句を、歌詞のストーリーに
対応させると、微妙に無視できない。「月が昇る」に実りゆく恋
を、「月が去る」に恋人が去り恋の終わったことを読み取れなく
もないからだ。

＊

　また、シャンソン *Voici la Saint-Jean* は、同じ旋律で、ほぼ同
じ歌詞内容のまま、タイトルと冒頭のフレーズが Voici la Noël
に置き換えられて、替え歌「クリスマス・ソング」に変身してい

るという〔資料②〕。

> Voici la Noël, le temps des veillées
>
> Où tous les amants vont à l'assemblée.
>
> Va, mon ami va, la lune se lève
>
> Va, mon ami va, la lune s'en va.

> さあ、クリスマスだ、夜の集いのときだ
>
> 恋人たちはみな、集会に行く。
>
> さあ、あたしの恋人よ、行きましょう、月が昇る
>
> さあ、あたしの恋人よ、行きましょう、月が去る。

　この替え歌は、マルティーヌ・ダヴィッドとアンヌ゠マリ・デルリューによれば、『ルカによる福音書』の次のエピソードが関係しているという。

　ザカリアの妻で高齢のエリサベト（Elisabeth）が、聖霊によって子ども（後の洗礼者ヨハネ Jean le Baptiste）をみごもった。それを天使から聞いて知った従妹のマリアは、ザカリア家を訪問した（「聖母マリアのエリサベト訪問」la Visitation）。《マリアの挨拶をエリサベトが聞いたとき、その胎内の子（ヨハネ）がおどった。エリサベトは聖霊に満たされて、声高らかにいった。「あなたは女のなかで祝福された方です。体内のお子さま（イエス）も祝福されています…」》〔『ルカによる福音書』第1章39-44節、日本聖書協会・共同訳、エリサベトはエリザベトとも表記する〕と。

　この物語は、キリスト教徒にとって、洗礼者ヨハネが最初からイエス・キリストの先駆者だったこと示すとされている。ヨハネ

からイエスへ。そしてそのイエス誕生は、一応、夏至の日の半年後の12月25日。夏至の火祭りを背景にした歌から、クリスマス・ソングへの奇妙な変身の理由は、クリスチャン以外にはわかりにくい。

　むしろ、まったく根拠のない私見だが、「福音記者のヨハネ」の祝日が12月27日で、クリスマス期間中だ。洗礼者ヨハネと福音記者のヨハネ、──フランス語のジャンとジャン、──この同音名の連鎖が、この替え歌に影響したとは考えられないか？

　実際、フランスのある地方には、ふたりのヨハネを繋ぐ古い諺が伝えられている。『フランス文化誌事典』〔原書房〕からの引用だ。

　ヨハネとヨハネが
　年を分かつ。

50. *Aux marches du palais*
宮殿の階段に（空想の講演）

　現在では童謡として知られる、フランス古謡『宮殿の階段に』
（*Aux marches du palais*）は、多分、18世紀頃のパリでうたわれた
ものが原型でしょうが、さらにその元歌となると、16〜17世
紀にさかのぼり、様々なヴァージョンがあるようです。ここで
は、一応、ナナ・ムスクリがうたっている現代版ヴァージョンで
考察してみたいと思います。歌手による多少の歌詞の違いは、気
にするほどのことではありません。柔らかい旋律、夢見るような
歌世界、……ナナ・ムスクリがつむぎだすメルヘンのような世界
に、まずは浸ってみましょう。

---

1. Aux marches du palais, aux marches du palais
   Y'a une tant belle fille lon la, y'a une tant belle fille
   　　　　宮殿の階段に、宮殿の階段に
   　　　　とても美しい娘さんがいます、ロン、ラ、
   　　　　とても美しい娘さんがいます

2. Elle a tant d'amoureux, elle a tant d'amoureux
   Qu'elle ne sait lequel prendre lon la, qu'elle ne sait
   lequel prendre
   　　　　恋する男たちが沢山いて、恋する男たちが沢山いて
   　　　　だれを選んでいいかわからない、ロン、ラ、
   　　　　だれを選んでいいかわからない

3. C'est un petit cordonnier, c'est un petit cordonnier

Qu'a eu la préférence lon la, qu'a eu la préférence

　　小さな靴屋さんなのです、小さな靴屋さんなのです

　　娘さんの好みにあったのは、ロン、ラ、

　　娘さんの好みにあったのは

4. Et c'est en la chaussant, et c'est en la chaussant

　Qu'il en fit la demande lon la, qu'il en fit la demande

　　そして娘さんに靴を履かせながら、そして

　　娘さんに靴を履かせながら

　　小さな靴屋さんは求婚しました、ロン、ラ、

　　小さな靴屋さんは求婚しました

5. La belle si tu voulais, la belle si tu voulais

　Nous dormirions ensemble lon la, nous dormirions ensemble

　　美しい娘さん、もしよければ、美しい娘さん、

　　もしよければ

　　ぼくたち一緒に眠りましょうよ、ロン、ラ、

　　ぼくたち一緒に眠りましょうよ

6. Dans un grand lit carré, dans un grand lit carré

　Couvert de toile blanche lon la, couvert de toile blanche

　　大きな真四角のベッドで、大きな真四角のベッドで

　　白いシーツに覆われた、ロン、ラ、

　　白いシーツに覆われた

7. Aux quatre coins du lit, aux quatre coins du lit

　Quatre bouquets de pervenches lon la, quatre bouquets

de pervenches

> ベッドの四隅に、ベッドの四隅に
> ツルニチニチソウが4束、ロン、ラ、
> ツルニチニチソウが4束

8. Dans le mitan du lit, dans le mitan du lit
   La rivière est profonde lon la, la rivière est profonde

> ベッドの真ん中に、ベッドの真ん中に
> 深い川が、ロン、ラ、深い川が

9. Tous les chevaux du roi, tous les chevaux du roi
   Pourraient y boire ensemble lon la, pourraient y boire ensemble

> 王様のすべての馬が、王様のすべての馬が
> 一斉にその水を飲めるでしょうに、ロン、ラ、
> 一斉にその水を飲めるでしょうに

10. Et nous y dormirions, et nous y dormirions
    Jusqu'à la fin du monde lon la, jusqu'à la fin du monde

> そして、できるならぼくたちそこで眠りましょうよ
> そして、できるならぼくたちそこで眠りましょうよ
> この世の終わりまでも、ロン、ラ、
> この世の終わりまでも

〔Philips-822 507-2 フランス語歌詞は高岡優希氏提供〕

palais（パレ）の階段でであった、ひとりの「美しい娘さん」
(une belle fille) と、娘さんのお気に入りのひとりの「小さな靴屋

さん」（un petit cordonnier）の恋物語です。この「美しい娘さん」
が、ただ単に美しい娘さんなら、つまり庶民の娘さんなら、ど
こにでも〈ありそうな恋物語〉ですが、ふつう、この歌詞を読
むと、そしてナナ・ムスクリの甘い歌声で聴くと、「美しい娘さ
ん」が、なんだか「王女様」のように思われてきて、——それ
は、フランス語の palais が、ふつうは「宮殿」の意味だからでし
ょう、——邦題も、一般にその訳が採択されていますし、——ご
く自然に、「小さな靴屋さん」と「美しい王女様」の〈ありそう
にない恋物語〉が目に浮かんできます。実際、現代版歌詞では、
そう誤解してもいいよ、許容するよ、といってくれているような
気がしないでもありません。ありそうな話だったら、子どもの夢
を育む「メルヘン」にはならないでしょうから。

とは申しましても、「王女様」はイメージの膨らませすぎかも
しれません、おそらく……。そこで、まずは一般庶民の「美しい
娘さん」としましょう。palais のほうは、よほど特別な文脈でな
いかぎり「宮殿」のことですので、いまはさしあたって「宮殿」
として、話を進めさせていただきましょう。
　それにしても、不思議な設定です。「美しい娘さん」が結ばれ
るのが、なぜ、「靴屋さん」なのでしょう？……　また、なぜ「靴
屋さん」が宮殿の階段の近くにいたのでしょう？　ひょっとして、
王室御用達の靴職人？……、いや、それはないでしょう。
　また、それ以外の不思議もあります。ベッドの四隅に 1 束ず
つのツルニチニチソウだとか、ベッドの真ん中に深い川だとか
……。思案投げ首です。

*

そういえば、フランシス・ルマルク（Francis Lemarque）作詞、

リュディ・レヴィル（Rudy Révil）作曲の、あの軽快でじつに楽しいシャンソン『小さな靴屋さん』（*Le petit cordonnier*）の主人公たちも、「小さな靴屋さん」（un petit cordonnier）と「美しい娘さん」（une belle）でした。ストーリーは、シャンソン『宮殿の階段に』同様、現実離れした一種のメルヘンですが、多くのメルヘンがある種の恐ろしさを秘めているように、シャンソン『小さな靴屋さん』も終わりメデタシですが、そこに至る道はドキドキで、その展開だけは、シャンソン『宮殿の階段に』の最初から最後までホノボノとは、趣きは違うようです。ぜひとも『小さな靴屋さん』を作詞者ルマルク自身の歌声で聴いていただきたいと思います。さらに、もしお気が向かれましたら、拙著『シャンソンのメロドラマ』〔彩流社、2008 年〕の 88-92 頁をひもといていただければ嬉しく思います。ピアフがうたう名曲「アコーデオン弾き」（ミシェル・エメール作詞作曲）論のなかで、少しだけですが言及していますので……。

＊

　ところで、主人公の〈un petit cordonnier〉を、一応「小さな靴屋さん」と訳しましたが、なかなか微妙です。単に〈un cordonnier〉（靴屋さん、靴職人）ではなく、形容詞〈petit〉で修飾されているからです。実感としては、「小さなパン屋さん」といったときに、〈小さな店を慎ましく開いている、しがないパン屋さん〉を連想するように、「小さな靴屋さん」も、背の低い靴屋さんということではなく、〈小さな店を慎ましく開いている、しがない靴屋さん〉のことだと思います。つまり、ここでの〈petit〉は、〈modeste〉〈humble〉の意味ですね。これは、シャンソン研究会の友人、高岡優希氏のご指摘です。そのうえで、高岡氏は〈un petit cordonnier〉の訳を「名もない靴職人」、〈une belle fille〉のほうは「別嬪さん」を提案されています。どちらも、適訳だと思います。

　とはいえ、私が〈小さな〉は〈小さな〉のままに、「小さな靴屋さん」と訳しましたのは、すでに述べましたように、このままでも〈小さな店を慎ましく開いている、しがない靴屋さん〉をイメージできることがひとつと、いまひとつには、形容詞〈petit〉には〈可愛い〉という意味もあり、そこから〈若い〉というニュアンスも自然に湧きでてきますので、形容詞〈petit〉の広がりを、〈modeste〉〈humble〉の枠内に限定せず、単純に〈小さな〉としておくことで、〈若くしがない靴職人〉〈若く可愛く名もない靴職人〉をイメージさせることができると、考えたからです。

*

　さて、palais という単語が文字どおり「宮殿」の意味で使われている元歌はといいますと、遠く 16 ～ 17 世紀、*La Flamande*（フラマン娘・フラマン女）のタイトルで知られる一連のシャンソン群に行きつきます。

　この La Flamande という言葉ですが、フランドル（Flandre、または Les Flandres）地方出身の女性のことです。そして、フランドルというのは、フランス北部の旧地方名のことで、ほぼ現在のノール県にあたりますが、今日、一般にフランドル（フランデレン）といえば、ベルギー西部を中心とし、フランス北端部、フランス南西部にかけて広がる地域のことをさしています。

　その「フラマン娘・女」がヒロインの 16 世紀の古いシャンソンの歌詞の一部を、ご紹介しましょう。16 世紀フランス・ルネッサンス期の作曲家ジュアン・シャルダヴォワーヌ（Jehan Chardavoine, 1537-80）が収集し、マンジョン（Mangeant）なるひとが、17 世紀初めの 1615 年に出版した *Les plus belles chansons de danses de ce temps*（『当代の最も美しい舞踏歌』）のなかに収められているそうです。

　面白いのは、この歌には靴屋さん以外の職種が登場しているということです。〈パン屋さん〉と〈下僕〉です。

Sur les marches du palais

Y a une jolie Flamande.

　　　　宮殿の階段に

　　　　可愛いフラマン娘がひとりいました。

Elle a tant d'amoureux

Qu'elle ne sait lequel prendre:

　　　　娘にはそんなにも多くの恋する男がいるので

　　　　だれを選んでいいかわかりません。

L'un est boulanger,

L'autre un valet de chambre;

　　　　ひとりはパン屋さん、

　　　　もうひとりは下僕、

C'est un petit cordonnier,

Qui a eu la préférence.

　　　　小さな靴屋さんなのです、

　　　　娘さんの好みに合ったのは。

Lui fera des souliers

De maroquin d'Hollande.

靴屋さんは娘さんに靴を作るでしょう
オランダのモロッコ革製の。

C'est en les lui chaussant,
Qu'il en fait la demande:
　　その靴を娘さんに履かせながら、
　　このように求婚します。

《La Belle, si vous vouliez,
Nous dormirions ensemble...》
　　「美しい娘さん、もしよければ、
　　ぼくたち一緒に眠りましょうよ……」

　また、アングーレーム地方の歌詞で、次のようなヴァリアント
があります。ジェローム・ビュジョ（Jérôme Bujeaud, 1834-80）が
採集した *Chants et Chansons populaires des Provinces de l'Ouest*
（『フランス西部諸地域の民衆歌謡』）所収で、かなり古くからの
シャンソンだと思いますが、年代はわかりません。ここでは、
palais にかわって《la cour du roi》（王宮・宮廷）という表現が使
われていますが、同じことと捉えていいでしょう。
　このシャンソンでは、「フラマン娘」は、多くの恋する「宮廷
人たち」（courtisans）よりも、「靴屋の息子」を選びます。なぜ
か、〈petit〉（小さな、しがない）という形容詞がついていません。

Dedans la cour du roi
Tra la la
Il y a une Flamande.

Qui a des courtisans

Tra la la la la la la

Qui a des courtisans

Qui ne sait lequel prendre.

　　　　王宮に

　　　　トラ・ラ・ラ

　　　　フラマン娘がひとりいます。

　　　　娘さんには、宮廷人たちがいますが

　　　　トラ・ラ・ラ・ラ・ラ・ラ・ラ

　　　　娘さんには、宮廷人たちがいますが

　　　　娘さんはだれを選んでいいかわかりません。

Le fils du cordonnier

Celui que son cœur aime

Lui a fait des souliers

De maroquin des Flandres.

　　　　靴屋の息子さんなのです

　　　　娘さんが心から愛しているのは

　　　　靴屋の息子は娘さんに靴を作りました

　　　　フランドルのモロッコ革で。

Les lui a t'apportés

Le lundi dans sa chambre.

Tout en les essayant

Il en fait la demande.

　　　　その靴を娘さんの所にもっていきました

　　　　月曜日に、娘さんの寝室に。

その靴を試しながら
靴屋の息子さんは求婚します。

Si mon père le veut

Ma mère en est contente.

N'y a que nos parents

Qui sont brouillés ensemble.

　　あたしの父がよければ
　　母は満足よ。
　　あたしたちの親どうしだけ
　　不仲なのは。

Brouillés ou non brouillés

Nous coucherons ensemble.

Dans un beau lit de camp

Couvert de roses blanches.

　　不仲だろうが、なかろうが
　　ぼくたち一緒に寝ましょう。
　　美しい野営のベッドで
　　白いバラの花々で覆われた。

Aux quatre coins du lit

Quatre pommes d'orange.

Dans le mitan du lit

Le gai rossignol chante.

　　ベッドの四隅に
　　四個のオレンジの実。

ベッドの真ん中で
陽気なナイチンゲールが鳴いています。

Chante rossignolet
Que ta voix est charmante.
Quand nous aurons couché
Tu auras ta revanche.
　　ナイチンゲールよ、お鳴き
　　おまえの声はなんて魅惑的なんだ。
　　ぼくたちが就寝したら
　　おまえは見返りが得られるよ。

　さらに、時代はいつかはっきりしませんが、ボージョレ地方に
伝わる歌詞に、靴屋さん以外の職種、それも、先ほどご紹介した
16世紀の歌詞と同じしがない職種の若者、——〈パン屋さん〉
と〈下僕〉、——が登場します。

Le premier est boulanger
Le seconde valet de chambre
　　１番目がパン屋さん
　　２番目が下僕

Le troisième est cordonnier
C'est lui qu'elle demande…
　　３番目が靴屋さん
　　娘が求めたのは靴屋さん……

Il lui fit des souliers
Il lui fit sa demande

靴屋さんは、娘さんに靴を作りました
靴屋さんは、娘さんに求婚しました

Mon père est consentant
Ma mère en est contente

あたしの父は賛成よ
あたしの母も満足よ

　こうして、いくつもの例を見ますと、16〜17世紀にかけて一連の「フラマン娘」がヒロインのシャンソンは、確かに、出会いの場所が「宮殿」または「王宮」です。

*

　これまでは、地方で採集されたシャンソンの話でした。18世紀、それもパリでともなると、およそ palais の意味は別の様相を呈しはじめます。次の歌詞をご覧ください。なんと登場人物は、〈法律家〉です。それも法律家への辛辣な風刺で始まります。

Dans la cour du Palais
Il y a une marchande

パレの中庭に
小商いの娘がひとりいた

Les procureurs y vont
Les avocats par bande

王室検事たちがそこに行く

弁護士たちは群れを成して

N'y a qu'un petit cordonnier
Qui en a fait la demande...
　　でも小さな靴屋さんしかいない
　　求婚したのは…

　となると、ここでの Palais（パレ）は、どう見ても、どう読ん
でも、「宮殿」ではなさそうですよ。困った！……　まあ、シャ
ンソンは、どんな地方で生まれようとも、どれほど地方から地方
へ伝播しようと、——その間に、沢山のヴァージョンを生産して
いくわけですが、——究極は、大都会であるパリでうたわれ広ま
ることによって、その命脈を保ちつづけるというのが、実情でし
ょう。

　パリにおける Palais（パレ）、しかも法律家が出入りする建物、
……とくれば、それはもう〈Palais de Justice de Paris〉（パリ裁
判所）をおいて、ほかにはありません。この当時、ポン・ヌフ
(Pont-Neuf) を中心に活動していた小売商たちは、「パリ裁判所」
の中庭やその周辺でも、商いが保護されていました。だから、
〈Palais de Justice de Paris〉は、長い間、Palais marchand（商人
のパレ）と呼ばれていたそうです。それゆえ、現在の歌詞冒頭
《Aux marches du palais》は、もともと Au marché du Palais（パ
レの市で）であったものが変化したとか、あるいは、marchande
という言葉と Palais が混成して、今日の marches du palais に変
容した、とかの説があるようです。

　このことから、「美しい娘」さんと「小さな靴屋さん」が出会った場所は、〈Palais de Justice de Paris〉（パリ裁判所）の近辺です。そこで「小さな靴屋さん」は小さな店を開いていた、というか慎ましく商いを営んでいた、ということでしょう。それなら、出会いは、極めて自然です。恋は、必然です。

　そんな庶民的な恋物語を、現代版では palais という単語に二重性を担わすことで、――まあ、ふつうだれしも、palais という言葉からは、「裁判所」ではなく、「宮殿」の方を思い浮かべるでしょうから、――その自然な心理作用を利用して、「宮殿」の階段で恋が生まれたような、毒気のないメルヘンに仕立て上げたのでしょう。「裁判所」では、艶消しでしょうから……。
　現代版のように童謡なら、なおさらです。それに、遡れば「フラマン娘」のシャンソンでは、palais は立派に「宮殿」だったわけですから。地方文化とパリ文化、宮殿と裁判所、――フランス国内にあって、相違する文化的コンテキストを重ねることで、歌詞を再創造したのです。

＊

　さてここで重要なことです。可愛い「フラマン娘」であろうと、単に「美しい娘さん」であろうと、いつもヒロインの好みは「靴屋さん・靴職人」ということです。どうもこの選択は、偶然ではないようです。

　じつは、こうした様々な同業組合のなかにあって、「靴屋」の同業組合は伝統的に名声を博していたようで、靴屋の親方は、特別に「ボス」（pontife）と呼ばれていたそうです。一目置かれる職種だった、ということでしょうか……。

ですから、ここは、「靴屋さん」でなければならないんです
ね。「美しい娘」に求婚するにふさわしい職種の相手としては。
社会史の問題です。

　ちなみに、アルフレッド・フィエロ著『パリ歴史事典』〔鹿
島茂監訳、白水社、2000 年〕によれば、《フランス語の靴屋
（cordonnier）の名は、スペインのコルドバ（Cordoba）で開発され
た特別な加工方法による山羊の皮の名称「コルドワン（コードヴァ
ン）」（cordovan）から来ている》そうです。この皮で作られる
靴は最上質で、それゆえ、コルドバはすぐれた靴製品の本場とな
り、すぐれた靴職人を生みだしました。
　話が変わりますが、近年は、農耕用の馬の臀部から採れる皮革
が山羊皮コードヴァンに質が似ているとのことで、その馬皮をコー
ドヴァンと呼ぶようになりました。主に革靴や鞄や財布などに
使用され、昨今では小物用素材としても普及しているそうです。
やはり、高級品だそうです。

＊

　話を元に戻しましょう。問題は歌詞 7 ～ 10 番です。
　まず、歌詞 7 番で、ナナ・ムスクリは《ベッドの四隅にツル
ニチニチソウ》とうたっていますが、別な歌詞では《un bouquet
de pervenches》（1 束のツルニチニチソウ）となっている場合もあ
り、多分、いずれも四隅にそれぞれ 1 束ずつ、合計 4 束という
同じ状態を指しているのだと思います。それでいいと思います
が、フランス語の《aux quatre coins de qc》という表現は、場合
によっては、特に「四隅」にこだわらなくてもいい、「～のいた
るところに」の意味にもなるようです〔『プチ・ロワイヤル仏和辞
典』旺文社〕。

312

　ちなみに、YouTube の動画で、ナナ・ムスクリの歌詞 6 番に相当する箇所が、《Dans un grand lit carré, dans un grand lit carré ／ Parfumé de lavande lon la, parfumé de lavande》（大きな真四角のベッドで、大きな真四角のベッドで／ラヴェンダーのいい香りのする、ロン、ラ、ラヴェンダーのいい香りのする）とうたわれていて、ベッドの上にたくさんのラヴェンダーがばらまかれ、続いてうたわれる歌詞《Aux quatre coins du lit, aux quatre coins du lit ／ un bouquet de pervenches lon la, un bouquet de pervenches》（ベッドの四隅に、ベッドの四隅に／1 束のツルニチニチソウが、ロン、ラ、1 束のツルニチニチソウが）では、文字どおりベッドの四隅にきちんと「ツルニチニチソウ」が 1 束ずつ飾られる映像をみつけました。ですので、一応は、《aux quatre coins du lit》を「ベッドの四隅に」と訳しておきますが、ベッドの上のいたるところだって、かまわないと思います。要するに、婚姻の床なので、華やかでいい香りがすればそれでいいのですから。大きな問題ではありません。

　いや、ひょっとすると大きな問題なのかもしれないと、一瞬、考えこみました。「ツルニチニチソウ」(Pervenche) が、フランス語の別名で「魔法使いのスミレ」(Violette des Sorciers) とも呼ばれ、文学史上、多くの有名な詩人たちに好んで詠まれてきた歴史があるからです。《四隅に 1 束ずつのツルニチニチソウ》などとうたわれると、なにか魔法陣のような深い意味でもあるのではないかと、つい想像してしまいました。しかも、この花「ツルニチニチソウ」は、『イメージ・シンボル事典』〔大修館〕の説明を要約すれば、《（懐かしい思い出として、あるいは媚薬として）「愛」を表象すると同時に、正反対の「死」をも表象する》とあるだけ

に、なおさらです。

　しかし、今日では、ことは童謡です。子どもの歌の類です。ナナ・ムスクリもその立場でうたっています、——というか、うたっているように見受けられます。ですので、深読みは避けて、まずは、恋人ふたりのベッドを飾る属性にすぎないとしておきましょう。童謡として人生で初めて聴く子どもたちにとっては、ツルニチニチソウは、単に青い（青紫の）美しい五弁の花にすぎないでしょうから。

　古い歌詞では、なにも「ツルニチニチソウ」にかぎらず、「四つのオレンジの実」（quatre pommes d'orange）や、「白いバラの花」（roses blanches）や、「ラヴェンダーの花」（lavande）だったりもするからです。これだけ飾る花がいろいろなら、「ツルニチニチソウ」ひとつに限って特別に内在する意味を吟味するより、新婚のベッドを飾るいろいろな花の種類を、単純に楽しんでおけばいいと思います。

　次に歌詞8~9番。どうして突然、ベッドの真ん中に「深い川」が出現するのか……、よくわかりません。絵入りの童謡集では、この荒唐無稽な表現をそのまま素直に描いたイラストがみつかりました〔次頁参照〕。ベッドの真ん中を流れる川の水を、王様の馬たちがガブガブ飲んでいます。しかもそのベッドが「靴の形」に見えなくもないのです。合理主義者フランス人の頭のなかで、どんな作用が生じているのかよくわかりませんが、まずは〈川の流れと深さ〉で、「美しい娘さん」と「小さな靴屋さん」の〈眠りの時間の流れと深さ〉を表象しているのだろうと、考えています。

〔Michèle Marie（歌）, Patrick Clerc（絵）：Chansons d'hier...aujourd'hui
(French Nursery Rhymes), vol 2, Mimai Music, Paris,1980.〕

そして、〈眠りの時間の流れと深さ〉を〈川〉に喩えたこと
で、その比喩が独り歩きしはじめ、別の位相へと移行し、イメー
ジがふくらみ、川の水量の豊かなことといったら、王様のすべて
の馬たちがガブ飲みしても大丈夫、というふうに展開していった
のではないでしょうか。

　それにしても、なぜ「王様」なのでしょう？　それは「宮殿」
と関連してのことでしょう。宮殿の階段にいた「娘」が王女様
を思わせるぐらい美しかったから。で、「馬」は、なぜ「王様の
馬」なのでしょう？　……それはまた後ほど。

　最後の歌詞 10 番も気になります。《そして、できるならぼく
たちそこで眠りましょうよ／この世の終わりまでも》(Et nous y
dormirions ／ Jusqu'à la fin du monde)で、文字どおり終わります
から、眠りの長さと深さは〈この世の終わりまで〉＝〈「死」の
時まで〉続く、これはつまり、翻って「永遠の愛」をいっている
ようなものです。このことに喚起され、思いもかけないヨーロッ
パ伝統の「愛と死」の系譜にまで思いを致す研究者もいるようで
す。

　なお、ナナ・ムスクリ版では、歌詞 5 番でも条件節《si tu voulais》
に導かれた主節で《nous dormirions》と、dormir という動詞の
「条件法現在」を使用していますので、ふたりの行為は〈できれ
ば寄り添って眠るんだけど〉、——もちろん、眠る前には素敵な
行為があるのは言わずもがなですが、——いま現在は実現してい
ない、非現実の状態です。

　しかし一方、古いヴァリアントでは、coucher という動詞の
「直説法未来形」を使っているものもあります。例えば、《Nous

coucherons ensemble》（ぼくたち、一緒に寝ましょう）とかです。動詞 coucher は、文脈によっては性的な関係を仄めかし得る表現ですので、それをあまり感じさせない dormir とは、ニュアンスが変わると思います。

＊

　最後に、少し補足しておきましょう。歌詞８番で、驚くべき読みの展開をしてみせるひとがいます。アンリ・ダヴァンソンですが、《rivière profonde》（深い川）という表現は、強い影響力をもつ象徴表現で、中世の『トリスタンとイズー』物語の「抜き身の剣」（l'épée nue）を連想させるというのです。媚薬を飲んだがゆえに、別れられなくなったふたりは、マルク王の目を逃れて、モロアの森のなかに住みますが、その居場所がマルク王にばれてしまいます。怒りに燃え、森に駆けつけたマルク王が見たのは、森のなかの褥に行儀よく眠るふたりの姿で、ふたりの間には「抜き身の剣」が横たえられていました。しかも、イズーの手には、マルク王との結婚指輪がはめられてもいました。このふたつの証拠で、マルク王は、トリスタンとイズーの潔白を信じるという、あの場面です。

　ダヴァンソンの連想は、さらに広がります。歌詞10番《Et nous y dormirions ／ Jusqu'à la fin du monde》（そして、できるならぼくたちそこで眠りましょうよ／この世の終りまでも）に、ヴァーグナーの楽劇『トリスタンとイゾルデ』における、トリスタンとイゾルデが二重唱する「愛の死」（Liebestod）の暗示を感じるというのです。〔資料①、Cf. *Ma belle, si tu voulais*〕

　　おお、永遠の夜／甘き夜！／高貴にして甘美なる／愛の夜よ！／お前に抱かれ／微笑まれては／誰が不安を感

ぜずに／お前から目覚めたであろう？／さあ、その不安から追い払っておくれ／優しい死よ／憧れ求める／愛の死よ！／お前に抱かれ／お前に捧げられ／聖なる熱に暖められ／目覚める苦しさから解き放たれたい！〔渡辺護訳〕

つまり、それは、《死における愛の成就、死による解放と愛の一体化、悪によって秩序立てられた世界からの逃避》だというのです。この大袈裟な表現が、ヴァーグナーのオペラの範疇に留まる限り、それはそうでしょう。

それに、すでにふれましたように、例の「ツルニチニチソウ」が、《（懐かしい思い出として、あるいは媚薬として）「愛」を表象すると同時に、正反対の「死」をも表象する》花でした。ヴァーグナーばりの「愛と死」に、イメージを重ねようと思えば可能は可能でしょう。

がしかし、遡るにしても、17世紀、18世紀の民衆歌謡です。中世以来の「愛と死」の文学的系譜のうえに置いて読み取りたいのはわかりますが、深読みのしすぎではないでしょうか？

まあ、そのことは脇に置くとして、ナナ・ムスクリ版のシャンソン『宮殿の階段に』では、条件法で《nous y dormirions》（できるならぼくたちそこで眠りましょうよ）と語られていて、主人公ふたりが一緒に眠れるかどうか判然としていない状態です。このままでは、我らが「小さな靴屋さん」と「美しい娘さん」は、プラトニックなまま、結ばれないまま、という結末になりはしませんか？

それは、あまりに不自然、あまりに可哀想、あまりに悲劇ではありませんか！　むしろこのことのほうが気になります。トリス

タンとイズーのほうは、「抜き身の剣」とは見せかけで、実際には間違いなく深く結ばれていたに違いないのですから。媚薬のせいゆえ、不倫は公明正大でしたから。そう考えれば、このふたりの結末も安心していいのでしょうか？

　ただ、アンリ・ダヴァンソンとは違う「深い川」の象徴的意味を、「王様の馬」との関連で、さらっと言及しているのがマルティーヌ・ダヴィッドとアンヌ゠マリ・デルリューです、──《美しい娘がその肉体を委ねる所（＝ベッド）に、「王様の馬たちが一斉にやってきて飲む」(les chevaux du roi viennent y boire ensemble)》──と〔資料②〕。これに相当する部分、ナナ・ムスクリは、《tous les chevaux du roi pourraient y boire ensemble》（王様のすべての馬が一斉に飲めるでしょうに）と、婉曲的にうたっています。

　つまりどういうことかというと、「馬」は、その生殖器の巨大さゆえに、ここでも男性性の象徴です。そして、「小さな靴屋さん＝王様」と「美しい娘さん」が、ベッドで初めて事を成就した際に、女性の内部から溢れでた大量の生理的現象が「深い川」であり、悦楽の深さを示します。それに呼応する男性の感動の大きさは、複数の馬の一斉のガブ飲みで表象されています。馬の複数形も、副詞の一斉にも、誇張表現にほかなりません。マルティーヌ・ダヴィッドとアンヌ゠マリ・デルリューの示唆なしには思いつきませんでした。

　それからもうひとつ補足です。これまで例にあげたなかの歌詞に、ナイチンゲールが登場するものがありました。《Dans le mitan du lit ／ Le gai rossignol chante.（ベッドの真ん中で／陽気な

ナイチンゲールが鳴いています）》です。

　ナイチンゲールは、〈朝方の愛〉の象徴であるヒバリとは対照的に、〈夜の愛〉の象徴です。ただ、驚くことに、アルフレッド・デルヴォー（Alfred Delvau）著『現代エロティック辞典』（*Dictionnaire érotique moderne*, Slatkine Reprints, Genève, 1968）には、ナイチンゲールは《Le membre viril》（陰茎・ペニス）の象徴と明記されています。なら、「ナイチンゲールが鳴く・うたう」（Le rossignol chante）という行為は、文脈によっては、男性器の膨張現象を仄めかしている、と解釈できそうです。マルティーヌ・ダヴィッドとアンヌ＝マリ・デルリューが、ベッドの真ん中で鳴いている件のナイチンゲールをさして、《rossignol coquin》（いたずらなナイチンゲール・淫らなナイチンゲール）と呼んでいるのは、そういう理由からでしょう。ナイチンゲールは、性愛を高めるための小道具なのです。時代が下るにつれて、このナイチンゲールは、バラや、ラヴェンダーや、ツルニチニチソウなどにかわっていきました。

＊

　このシャンソンは、映画『シベールの日曜日』（*Cybèle ou les dimanches de Ville d'Avray*）のなかで、主人公たち、——元軍人パイロットのピエールと幼い少女フランソワーズ（本名はシベール）、——によって口ずさまれますが、それは、それぞれが相手のことを思いだし、幸せだと感じた瞬間に、我知らず口をついてでてくるものでした。おおよその粗筋を述べておきましょう。

　ピエールは、インドシナ戦役で、ひとりの少女を飛行機から射殺してしまったと思いこむ。以来、恐怖に歪んだ少女の面影が、脳裏を去らず、それから逃れるために激しい戦闘に突き進み、墜

落し、記憶喪失になる。そしていま、パリ近郊のヴィル・ダヴレ（Ville d'Avray）で静養している。病院の看護師マドレーヌの愛情に見守られつつ……。

そんなある日の散歩中、駅で幼い娘とその父にであう。少女の目には涙が……。父は寄宿舎に娘を預け、もう2度と戻っては来ないだろう。ピエールはそれを覚った。もちろん少女も。つぎの日曜日に、ピエールは少女を訪ねる。修道女は、父親だと誤解し、ふたりを会わせる。少女の名を修道女はフランソワーズと呼んだが、「ほんとうは違うの。とてもきれいな名よ。教会の鐘の上の青銅の鶏（風見鶏？）をとってきてくれたら教えてあげるわ」という。

それぞれの異なった孤独が、ふたりを結びつける。ピエールには、この少女こそが心の闇、──フラッシュバックするインドシナの少女の面影、──を払ってくれると信じ、少女のほうでは、親から、──つまり、すべてから、──見捨てられた悲しみがこの男によって慰められると感じる。日曜日ごとのふたりだけの再会は、純粋な〈かけがえのない楽しい時間〉だった。それがはっきりしたのは、マドレーヌが気遣ってピエールを街のレストランに誘いだしたある日曜日のことだ。〈かけがえのない楽しい時間〉が奪われたピエールは錯乱し、少女は裏切られたと錯覚してベッドで泣きぬれる。

少女とピエールは、ふたりの日曜日を守るため、父娘を演じつづける。ふたりのことに気づき、心配したマドレーヌが、あとをつけて様子を探るが、そこに見たのは邪心のないふたりの子どものたわむれる姿だった。マドレーヌの頬に安堵の笑みが浮かぶ。

クリスマスの夜がくる。ふたりは約束どおり、いつもの池のほとりで、ふたりだけのクリスマスをする。ピエールは、友人カル

ロスの家から大きな美しい飾りのついたクリスマスツリーを盗み
だし、池のほとりに立てる。そこで少女は、初めて本当の名を告
げる、「シベール（Cybèle）よ。木と土の女神の名よ」。ピエール
は答える、「すてきだね、非常に美しいと同じだね」（C'est beau.
C'est comme *si belle*）。つまり、音声が《Cybèle = si belle》なの
だ。本名を教えてもらったかぎり、こんどはピエールが教会の鐘
の上の青銅の鶏を少女にプレゼントする番だ。ネジ回しがわりの
ナイフで、ネジを緩め、取りはずす。

　いっぽう、クリスマス・イヴというのに、行方がわからなくな
ったピエールを心配し、不安になったマドレーヌは、病院の医師
ベルナールに相談の電話をかける。これが悲劇のもとだ。ベルナ
ールは、ピエールを変質者ときめつけ、警察に通報する。マドレ
ーヌは驚き、通報の取り消しを頼むが、ベルナールは聞き入れな
い。悲劇は、起こった。ピエールがナイフを手にしていたのを見
た警官は、シベールの目の前で、ふたりだけの楽しいクリスマ
ス・イヴの現場で、ピエールをピストルで撃ち殺した。警官に名
を聞かれた少女は、「私はもう名前はないの。だれでもないの」
と泣きつづけた。

　ところで、マドレーヌがカフェの電話を借りてベルナールと連
絡をとりあっている場面で、いまいるカフェの住所を聞く場面が
あります。字幕によれば、店主はこう答えます、──「泣く子も
黙るセーヴル通り 22 番地だ」（le vingt-deux, rue de Sèvres comme
pour les flics）、──と。現在だと、パリの 7 区、メトロのバビロ
ーヌ駅あたりです。なぜ泣く子も黙らないといけないのか……、
店主のことばを、意訳せずに直訳したほうがわかりやすい場面で
す、──「セーヴル通り 22 番地さ、ポリ公向けみたいだがね」、

322

——と。

じつは、フランス語の22（vingt-deux）には、俗語ですが、間投詞として「注意しろ、危ない」という意味があり、《Vingt-deux, voilà les flics!》（やばい、お巡りだ！）というふうに使います〔『小学館ロベール仏和大辞典』〕。これで、明白ですね。しかし《vingt-deux》は、ポリ公向けに使う隠語に留まりませんでした。結果的に、ピエールが「警官」に撃ち殺されたわけですから、22番地の22は、ピエールを守りたいマドレーヌにとっては、じつに「やばい」、不吉な数字だったわけです。

さて、シャンソン『宮殿の階段に』を聴き返してみましょう。

歌詞1~4番は、映画によく呼応しています。ピエールが美しい娘シベールにであったのは小さな町の駅のプラットホーム。シャンソンの小さな靴屋さんと美しい娘が出会ったのは、宮殿の階段。出会いの場所として、かけがえがないのは、双方同じ。そしてシベールの好みに合ったのは、記憶を失った「少年のような大人」。さらに、シャンソンの「美しい娘さん」が気に入ったのは、慎ましい「小さな靴屋さん」。その靴屋さんが娘さんに贈ったのは、自作の靴。ピエールがシベールに贈ったのは、教会の鐘の上の青銅の鶏。どちらもが、唯一無二の品にかわりはない。だがしかし、あまりに汚れなきものどうしが結ばれることは、世に少ない。それが悲しい現実です。

歌詞5番の《La belle si tu voulais, [...] nous *dormirions* ensemble》（美しい娘さん、もしよければ、……ぼくたち一緒に眠りましょうよ）の「条件法」が悲しい。なぜなら非現実の仮想を示しているから

です。幸せを感じたときに口ずさんでいたこのシャンソンは、さりげなく、ふたりがいつか引き離されるに違いないことを予言しています。

　ピエールに邪心がなかったことを、いったいだれが証明するというのでしょうか？……　手にしたネジ回しがわりのナイフが、どうしようもなく切ない。

【注記】文中の引用のフランス語歌詞は、すべて〔資料②〕から
　　　　借用したものであることをお断りしておきます。

〔資料⑦〕

参考文献資料

　以下にあげるもので、本文中に引用あるいは参照した際には、Ⅰ欄については〔資料①〕〔資料②〕のように、Ⅱ欄については〔資料Ⅱ-1〕〔資料Ⅱ-2〕のように明記した。但し頁は明示していない。

Ⅰ. フランス語文献資料

〔①〕Henri Davenson, *Livre des Chansons ou Introduction à la Chanson Populaire Française,* Editions de la Baconnière, Neuchâtel, 1944.

〔②〕Martine David, Anne-Marie Delrieu, *Aux Sources des Chansons Populaires*, Belin, Paris, 1984.

〔③〕Jean-Claude Klein, *Florilège de la Chanson Française*, Bordas, Paris, 1989.

〔④〕Simonne Charpentreau, *Le Livre d'or de la Chanson Française, tome1,* Les Editions Ouvrières, Paris, 1971.

〔⑤〕Simonne Charpentreau, *Le Livre d'or de la Chanson Française, tome2,* Les Editions Ouvrières, Paris, 1972.

〔⑥〕Simonne Charpentreau, *Le Livre d'or de la Chanson Française, tome3,* Les Editions Ouvrières, Paris, 1975.

〔⑦〕Roland Sabatier, *Le Livre des Chansons de France1*, Gallimard, Paris, 1984.

　　　Texte de Pierre Chaumeil

　　　Illustrations de Roland Sabatier

〔⑧〕Claudine et Roland Sabatier, *Le Livre des Chansons de France et d'ailleurs 2,* Gallimard, Paris, 1986.

Jeanne Hély et Anne Lemaire (pour les chansons françaises)

Illustrations de Claudine et Roland Sabatier

〔⑨〕 Claudine et Roland Sabatier, *Le Livre des Chansons de France 3*, Gallimard, Paris, 1987.

Texte de Anne Bouin

Illustrations de Claudine et Roland Sabatier

〔⑩〕 Pierre Saka, *La Chanson Française à travers ses succès*, Larousse, Paris, 1995.

〔⑪〕 Jean Edel Berthier, *Chansons de Partout*, Editions Berthier Valmusic, Paris, 1991.

〔⑫〕 Marc Robine, *Anthologie de la Chanson Française,* Albin Michel, Paris,1994.

〔⑬〕 Martin Pénet, *Mémoire de la Chanson, 1200 chansons du Moyen-Age à 1919,* Omnibus, Paris, 2001.

〔⑭〕 Martin Pénet, *Mémoire de la Chanson, 1200 chansons de 1920 à 1945,* Omnibus, Paris, 2001.

〔⑮〕 Internet（Wikipédia）

〔⑯〕 Internet（Wikipédia 以外）

〔⑰〕 CD: FRANCE 48 RONDES, COMPTINES ET BERCEUSES Chansons traditionnelles par *LES CHATS PERCHÉS*, ArB music.

Ⅱ．フランスの歌詞楽譜付き童謡絵本集

1．J.M.Guilcher, *Rondes et Jeux Dansés*, Flammarion, Paris,1956.

2．*Mon premier livre de chansons,* Larousse, Paris, 1989.

3．*Chantons et dansons*, illustration de Jacqueline Guyot, Editions G.P., Paris, 1983.

4．*Nos Vieilles Chansons,* illustrées par Jean A.Mercier, Gallimard

Jeunesse,1993.

5. *Chansons d'hier et d'aujourd'hui*, illustrées par Jean A.Mercier, Gallimard Jeunesse,1993.

6. *Rondes et Chansons de France*, illustrées par Monique Gorde, Lito, Champigny-sur-Marne, 1995.

7. *Comptines et chansons de France*, illustrées par Monique Gorde, Lito, Champigny-sur-Marne, 1995.

III. 邦語参考文献

1. 福井芳男著『フランス語で歌いましょう』〔第三書房、1973 年〕

2. 三木原浩史著『シャンソンはそよ風のように』〔彩流社、1996 年〕

3. 三木原浩史著『シャンソンの四季・改訂増補』〔彩流社、2005 年〕

4. 三木原浩史著『シャンソンのメロドラマ』〔彩流社、2008 年〕

5. 三木原浩史著『シャンソンの風景』〔彩流社、2012 年〕

6. 三木原浩史著『シャンソンのエチュード 改訂版』〔彩流社、2016 年〕

7. 三木原浩史著『すみれの花咲く頃、矢車菊の花咲く時』〔鳥影社、2017 年〕

8. 石澤小枝子・高岡厚子・竹田順子共著『フランスの歌いつがれる子ども歌』〔大阪大学出版会、2018 年〕

9. 石澤小枝子・高岡厚子・竹田順子・中川亜沙美共著『フランスの子ども絵本史』〔大阪大学出版会、2009 年〕

IV. 訳書参考文献

ピエール・サカ著『シャンソン・フランセーズ』〔永瀧達治監修・訳、講談社、1981 年〕

フランスの子どもの歌 50 選・Index

あとがき

　フランスの「子どもの歌」を初めて聴いたのは、半世紀も前の学部学生の頃、『ヒルデ・ギューデン　世界の子供の歌をうたう』と題したLPレコードでだった（1969年発売）。

　ヒルデ・ギューデン（Hilde Güden1917.9.15-1988.9.17）はソプラノ歌手、ウィーン生まれの名花。だから、「子どもの歌」を、子どもの声ならぬ、世界的なクラシック歌手で聴いたのが最初、というわけだ。

　このレコードには、ドイツから16曲、イギリスから9曲、フランスから5曲、──「修道士ジャックさん（フレール・ジャック）」「アヴィニョンの橋の上で」「粉屋さん、あんた眠ってるの」「小さなお船がありましたとさ」「月明りのもとで」、──さらに、イタリアから2曲、スペイン、ハンガリー、日本から各1曲が収録されている。

　一流の成熟した女声、──艶やかな肉声、──が創出する歌世界は、ゆうに「子どもの世界」をはみだしていて、ヨーロッパでは、中世はもちろん、近世・近代のある時期までは、〈子どもは小さな大人だった〉ということを思いださせてくれた。

　文学史では、一般に、ルソーの『エミール』（1762）をもって子どもの概念が形成されたとするが、社会史でいえば、そんな単純なものではない。フィリップ・アリエスの『〈子供〉の誕生　アンシァン・レジーム期の子供と家族生活』〔杉山光信・杉山恵美

子共訳、みすず書房、1980 年〕が、参考になるだろう。

　仏文学者で児童文学者の石澤小枝子氏によれば、《子どという存在が、無垢で象徴され、大人にとって未来を具現する希望になるのは、1815 年の王政復古以後のこと》で、制度上でも、大人と子どもが明確に弁別されるようになったのは、1833 年に《初等教育に関して各市町村に少なくともひとつの小学校を置くことを義務づけるギゾー法が制定され》てからのことだという〔Cf. 石澤・高岡・竹田・中川共著『フランスの子ども絵本史』大阪大学出版会〕。そのとき以後、それ以前の古くからの民衆歌謡の歌詞の多くが、子どもへの教育的配慮によって、無難な、──概ね人畜無害な、──表現に書き換えられていった。

　がしかし、それでもって、元歌が有していた生々しい真実が、全面的に糊塗されたというわけでもない。

　だからだろう、名目上、現在では「子どもの歌」であっても、あのヒルデ・ギューデンの肉声は、本人の意識していないところで、聴くものを歌の深層へ、──単純にいえば、200 年、300 年、あるいはそれ以上前の隠された「大人の世界」へ、──運んでくれたのだ。意味の二重性という、興味深い、しかしきわめて難儀な領域へ、つまりは、多くは「エロティシズム」の範疇へと。民衆の最大の関心事が、いつの時代にも、「生の本源」にあったことの証左だろう。「生」は、「性」なのだ。それについては、本文で、少しは明らかにした。

＊

　この 1 年間、楽しみながら、ときに戸惑いながら筆を進めてきました。歌詞のいくつかの箇所に関しては、シャンソン研究会のメンバーである、大竹仁子さん、吉田正明さん、高岡優希さん、村田京子さん、及びパリ在住の医師近藤毅先生と 3 人のお

332

孫さんたちの助言を得ることができました。また、竹田順子さんからは貴重な文献をお借りすることができました。こうした諸々のご好意とお力添えに、心から感謝しています。

　にもかかわらず、まだまだ多くの思い違い、誤訳があるのではないかと恐れていますが、それはみな筆者であるわたしの責任です。予めお詫び申し上げますとともに、読者の皆様からのご批判ご叱正をお待ちしております。

　最後に、快く出版を引き受けてくださいました鳥影社社長百瀬精一氏、及び、初校、再校での大幅な加筆訂正に丁寧に応じて下さいました編集部の森山理恵氏、宮澤りか氏、矢島由理氏にも、厚く御礼申し上げます。

　　　2021 年 4 月吉日

　　　　　　　　　　　　　　　　　　古都奈良の一隅にて
　　　　　　　　　　　　　　　　　　　三木原　浩史

〈著者紹介〉

三木原　浩史（みきはら　ひろし）

1947年　神戸市生まれ。
1971年　京都大学文学部フランス語学フランス文学科卒業。
1977年　京都大学大学院文学研究科博士課程
　　　　　　　　　（フランス語学フランス文学専攻）中退。
経　歴　大阪教育大学教育学部助教授、
　　　　神戸大学大学院国際文化学研究科教授を経て、
　　　　現在は、神戸大学名誉教授。シャンソン研究会顧問。
　　　　浜松シャンソンコンクール（フランス大使館後援）審査委員長。
専　門　フランス文学・フランス文化論（特に、シャンソン・フランセーズ研究）
著　書　『シャンソンの四季』（彩流社、1994年、2005年改訂増補版）
　　　　『シャンソンはそよ風のように』（彩流社、1996年）
　　　　『フランス学を学ぶ人のために』（共著、世界思想社、1998年）
　　　　『パリ旅物語』（彩流社、2002年）
　　　　『シャンソンのエチュード』（彩流社、2005年、2016年改訂版）
　　　　『シャンソンのメロドラマ』（彩流社、2008年）
　　　　『シャンソンの風景』（彩流社、2012年）
　　　　『随想・オペラ文化論』（彩流社、2017年）
　　　　『すみれの花咲く頃、矢車菊の花咲く時』（鳥影社、2017年）
　　　　『追憶　風薫る季節へ』（彩流社、2017年）
　　　　『ロマン・ロラン著　三つの「英雄の生涯」を読む』（鳥影社、2018年）
論　考　ロマン・ロラン、シャンソン・フランセーズ、オペラ等に関するもの。
訳　書　みすず書房『ロマン・ロラン全集』
　　　　　第13巻所収「ニオベ」
　　　　　第19巻所収「演劇について」（共訳）
　　　　ロマン・ロラン『ピエールとリュス』（鳥影社、2016年）

フランスの子どもの歌 50選
― 読む楽しみ ―

定価（本体 2000円＋税）

乱丁・落丁はお取り替えします。

2021年4月14日初版第1刷印刷
2021年4月20日初版第1刷発行
著　者　三木原 浩史
発行者　百瀬 精一
発行所　鳥影社 (www.choeisha.com)
〒160-0023　東京都新宿区西新宿3-5-12トーカン新宿7F
電話 03-5948-6470, FAX 0120-586-771
〒392-0012　長野県諏訪市四賀 229-1（本社・編集室）
電話 0266-53-2903, FAX 0266-58-6771
印刷・製本　モリモト印刷
© MIKIHARA Hiroshi 2021 printed in Japan
ISBN978-4-86265-882-1　C0073

三木原 浩史の本

すみれの花咲く頃、矢車菊の花咲く時
――おしゃべりシャンソン――

シャンソンへの誘い。〈シャンソンを「歌う」シャンソンを「聴く」と、三幅対をなすのがシャンソンを「読む」という楽しみです。〉第一人者が語るシャンソンの魅力。

四六判　252頁　1650円

ロマン・ロラン著
三つの「英雄の生涯」を読む
――ベートーヴェン、ミケランジェロ、トルストイ――

小説、戯曲、伝記、音楽研究・音楽評論、美術研究、哲学研究、社会批評など……自らが知る英雄だったロマン・ロラン。代表的伝記作品三点に通底するものは何かを明らかにする、画期的作品論。

四六判　228頁　1650円

ピエールとリユス
ロマン・ロラン 著
三木原 浩史 訳

1918年パリ。ドイツ軍の空爆の下でめぐりあった二人……ロマン・ロランの数ある作品のなかでも、今なお、愛され続ける名作の新訳と解説。

四六判　254頁　1760円

鳥影社